五库斋清史存识

何龄修 著

凤凰枝文丛／孟彦弘 朱玉麒 主编

凤凰出版社

图书在版编目（CIP）数据

五库斋清史存识 / 何龄修著. -- 南京 : 凤凰出版社, 2023.2
（凤凰枝文丛 / 孟彦弘, 朱玉麒主编）
ISBN 978-7-5506-3626-2

Ⅰ. ①五… Ⅱ. ①何… Ⅲ. ①中国历史－清代－文集 Ⅳ. ①K249.07-53

中国版本图书馆CIP数据核字(2022)第248016号

书　　名	五库斋清史存识
著　　者	何龄修
责任编辑	张永堃
特约编辑	蔡谷涛
书籍设计	徐　慧
出版发行	凤凰出版社(原江苏古籍出版社) 发行部电话 025-83223462
出版社地址	南京市中央路165号,邮编:210009
照　　排	江苏凤凰制版有限公司
印　　刷	苏州市越洋印刷有限公司 江苏省苏州市吴中区南官渡路20号,邮编:215104
开　　本	880毫米×1230毫米　1/32
印　　张	9.875
字　　数	182千字
版　　次	2023年2月第1版
印　　次	2023年2月第1次印刷
标准书号	ISBN 978-7-5506-3626-2
定　　价	68.00元 (本书凡印装错误可向承印厂调换,电话:0512-68180638)

1933—2018），中国社会科学院历史研究所研究员、荣誉学部委员。湖南湘乡人。1953年考入北京大学历史系，1958年毕业后分配至中国科学院历史研究所（该所于1977年改隶新成立的中国社会科学院）工作，直至1993年退休。早年参与《太平天国运动史》《封建贵族大地主的典型——孔府研究》《曲阜孔府档案史料选编》《中国史稿》等集体项目，曾长期编辑《清史资料》《清史论丛》和《清史研究通讯》；晚年参与《四库禁毁书丛刊》的编辑，用力甚多。于清史研究史、明清易代政治史、明清戏曲史的研究贡献尤多，影响最大。主要论著有《五库斋清史丛稿》《清初复明运动》及交稿待刊的《楚两生：明末清初柳敬亭、苏昆生研究》等。

弁 言

“凤凰台上凤凰游”，是李白《登金陵凤凰台》之诗句，昔年我江苏古籍出版社立足南京、弘扬文史，而更名所由也。

“碧梧栖老凤凰枝”，是杜甫《秋兴八首》所吟咏，今日我凤凰出版社为学林添设新枝，而命名所自也。

30多年来，凤凰出版社围绕中华传统优秀文化，彰显传承文明、传播文化、服务大众、贡献学术的出版理念，坚持以整理出版中国文、史、哲古籍及其研究著作为主的专业化方向，蒙学界旧雨新知之厚爱、扶持，渐已长大成为“碧梧”，招引了学界“凤凰”翩然来栖。箫韶九成，凤翥凰翔！嘤其鸣矣，求其友声！

“凤凰枝文丛”是本社与学界同人共同打造之文史园地，除学术研究论文外，举凡学人往事、经典品评、学术札记之文化随笔，旧学新知，无所不包。是作者出诸性情而诗意栖息之地，读者信手撷取而涵泳徜徉之处。

“凤凰鸣矣，于彼高冈。梧桐生矣，于彼朝阳。”

愿“凤凰枝文丛”成为我们共同的文化家园。

2019.5.22

自述（代序）

（一）

何龄修，于1933年11月出生在湖南湘乡县城务门前。那时，湘乡县很大，但县城小（只有约两万人）。历史上动乱不是很严重，所以一直没有筑城墙。湘江的一条支流名叫涟水，经城滨缓缓而东。我家不是湘乡土著，是清咸丰年间从江西迁来的客户（堂叔某先生认为自安徽迁来。此系据祖宗牌位上所书堂名庐江堂推断而来，不可靠）。湘乡民风剽悍，但性气尚称平和，不排外，是江西难民喜欢定居的地方之一。我家始迁祖洪仙公，生三子：东林、西林、吉林。家境贫寒，做纸牌为生。光绪初，钦差大臣、陕甘总督左宗棠在湘乡城隍庙树旗招军。东林公迫于生计，投入行伍。以腰细膀阔，孔武有力，为招兵主持者所喜，一到即派充什长，跟随出征西北，后调往新疆，对阿古柏作战，维护祖国西陲领土完整，多著功劳。后来，左宗棠内调，东林公也回乡成家，开设同林酒席馆，经商为业。他的独子汉泉公，即我祖父，自小学习烹调，精于技艺，成为县中有影响的厨师，擅长燕窝烧猪、生炒肚丝、汤泡肚尖、蛋糕杂烩等名菜，新编《湘乡县志》《湘乡人物志》均有传。在他的主持下，同林馆兴旺发达。为寻求本地大族的保护，我家加入城前何氏支派，成为土著的一部分。

汉泉公二子，原配彭氏生子馥秋，继配沈氏生子仲篪。馥秋公少习南货行，但一生未从事本行。我是其第三子，出生后就过继为仲篪公之子。仲篪公是祖父厨技传人，并时不时有些出蓝胜蓝的表现。因此他最得先祖父钟爱。尽管那时他还不满 27 岁，先祖就匆忙为他立嗣。这就使我从小就比兄弟姐妹们多得一分长辈的呵护。1940 年，我得严重的“鹤膝风”（中医病名，西医名“类风湿性关节炎”），中医治疗不得法（那时本县西医始兴，水平低下，威信不高），迁延日久，差一点进鬼门关。养母萧秀媛精心护理，几乎也失去信心，抱着我日夜悲哭。正在医人和家人全都束手无策之际，许翰源先生（约光绪年间生人，并不从医为业，而是士人自习医书，精通医理，处方准确、独特。为我治愈后，声名大显，远近来我家索抄处方者，每年从不乏人。沦陷期间，处方遗失，先生也不知所终）自荐来医，一帖新方把我从死亡线上挽回。又经一年休养，重学走路，我才得以复学。

传统的大家庭总是充满内争。养母得罪继祖母曾氏，生活艰危。我一点不懂得长辈由小忿酿造大变，1942 年春夏间，眼睁睁看着养母中谗离婚，脱离带给她数不尽的辛劳、屈枉、悲伤的家。不久，继养母贺氏进门，使我较早知道自己掌握冷暖饥饱，培养独立生活的能力。两年后，养母罹患重病，流落异乡，在祁阳去世。1944 年春，长期的争执导致我的生父与养父分家，同林馆一分为二。家庭的变故让我逐渐积淀着对社会生活的认识。

日本侵略者进攻湖南。1944 年 6 月，湘乡沦陷。县城主要街道被占领者放火焚烧。我们躲在近郊，目睹火光烛天，心中涌起莫大的民族仇恨。从此直到日寇投降，侵略者盘踞湘乡 15 个月，烧杀淫掠，频繁发生。我们在颠沛流离中生活，痛苦万状，惊恐万状。先祖老友、先师贺云瞿先生在《湘涟周报》上刊出《为无名英雄叫屈》文，记载了湘乡民众抵抗和死难的历史。耳闻目睹的史实，给了我深刻的民族主义教育和爱国主义教育。

湘乡沦陷前，我在城立四校读完初小。逃难期间停学。光复后我进湘涟镇中心小学读高小。1947 年秋开始，我在湘乡中学读初中，后升入高中。这期间湘乡解放，新中国诞生。1952 年秋，湘乡中学高中部最高的两个班与湖南省立第十五中学（改名涟源第一中学）相应的班合并，我们转到涟源。在小学和中学阶段，湘乡和涟源有许多优秀教师，为我们的学习打下牢固的基础。1953 年夏秋，我在涟源提前结束中学阶段的学习，考入北京大学历史系。

选择学习和研究历史为终身职业，不是偶然的。湘乡有厚重的历史沉积。纪念蒋琬的蒋公祠、褚遂良的洗笔池、北宋云门寺等，是我年少时就知道的。读中学时，我又知道了烧车御史谢振定、湘军统帅曾国藩和刘锦棠、儒将罗泽南（湘乡中学校址即罗忠节公祠）、清末革命烈士禹之谟等的点滴故事。先祖父酷爱古玩字画，藏有曾国藩、左宗棠、李汝航、张通谟等写的对联、条幅、扇面、册页等书法作品，时常取出张挂欣赏，不定期更换。他还同我讲过一些大革命时期的历史，说到城里开大会，各行各业人士携带本行业主要工具赴会，厨师带炒勺，布店伙计带量尺等。我当时并不了解这段历史的意义，携带本行业标志性工具参加大会的用意，但这却是我最早接触的中国现代史。认真说来，浸润我的感情世界，唤起我对祖国历史浓烈的喜爱的，还有戏剧和小说。湘乡没有固定的剧团，但时断时续地有人出钱约班子演营业戏，甚至在务门前街尾的谭家祠堂开办涟湘大戏院，上演湘剧。我是看“蹭”戏的孩子，跟随在里面经营小卖部的朱坤和伯父（仲篪公好友）入场，一文不花，还享受瓜子、开水、板凳优待。《清河桥》《凤仪亭》《新杀蔡鸣凤》等等使我倍感愉悦，悠然神往。三国戏还能让我联想起“蜀中曾继如龙相，湘上今传伏虎名”的蒋公祠联，涌起一种湘乡人特有的豪情。小说《三国演义》《东周列国志》《水浒传》等更令我爱不释手，有时觉得自己神游在小说展开的广阔舞台上，能够比较准确地给先祖父复述其中的精彩故事。所以我的青少年时代是在一种生动的历史氛围中度过的。这一点决定了我毕生的事业。

北京大学历史系1953级是全国第一届历史系五年制学生。我们有幸受到许多名师的系统教育，其中有中国史的翦伯赞、向达、邓广铭、商鸿逵、吴晗、张政烺、汪篯、许大龄、陈庆华，世界史杨人楩、齐思和、周一良、胡钟达、张芝联，考古学夏鼐、苏秉琦，哲学中国科学院哲学研究所潘梓年、李光灿等先生，都是当时学术界、教育界的精英、优秀代表。我们在世界观形成、品质修养、马克思主义理论学习、史学方法训练、历史基础知识积累等多方面，得到他们的言传身教。汪先生课上课下常给我们讲自己读马恩著作的体会，结合专业讲尤觉亲切易懂，听完后总感觉恍然有悟。邓先生强调学好理论，也要掌握四把钥匙（年代、地理、职官、目录学），特别深入人心。在袁良义等先生指导下，我学习明清史，阅读了一些明清史籍，特别是方志、别集。我的毕业论文题为《明代的山陕商人》，也在袁先生指导下顺利进行。这是我自选的课题。我学习傅衣凌先生，搜集了若干山陕商人的资料。结果我只写成大半，没有完篇。我感到不甚满足，认为傅先生用传统方法排比资料，没有进一步应用经济学的方法做分析。我试着绘制了山陕商人资金流动示意图，但知识菲薄，思想幼稚，所做“分析”，非驴非马，而且几句几行之后，再也无话可说，真可谓自不量力（后来，到历史所，王毓铨先生曾经索看并找我谈话，开头就问我在家时是不是要自己照料生活，我说是，得自己注意一点，并问他怎么知道。他说，从你的文章中可以看出来。又说，好好用功，文章交白先生看看，请他指点一下。白寿彝先生只说了两句：嫩一点；用半年时间改出来。白先生的话我一听就知道是说文章浅薄，但用语柔和，不伤青年人自尊心。王先生的话我琢磨后认为他肯定我的文章还有点条理，不是一团乱麻，自己都不知所云，理不清头绪）。

1958 年秋，我毕业后分配到中国科学院历史研究所（后来国家建立中国社会科学院，历史研究所归其所属）。所里把我拨归明清史研究组。组长白寿彝先生，北京师范大学教授兼。副组长王毓铨先生主持日常工作。在我首次参加的全组会上，我与组内同事见面，王先生说道：“我们这里号称明清史组，实际上是大明天下。”然后面向我说：“你来了，就搞清史吧！”于是我成为本所第一名清史研究实习员，开始了自己毕生专业清史研究征程。

我的专业清史研究全程，有两个阶段至为明显。以 1978 年重建明清史研究室为界，其前共 20 年为第一阶段；其后至 1993 年我退休，再至 1996 年停止对我的返聘，共

18年为第二阶段。此后，我一个退休又停止返聘人员，临渊虽不羡鱼，退仍积极结网。1997年春，我又有了打工人员身份，接续起第二阶段，让我的专业知识发挥重大作用，一干七八年。从1997年起，这项工作实为我的专业历史树立了增加的第三阶段的标志。我在1963年升任助理研究员，1980年任副研究员，1988年7月任研究员。我没有当过任何学官和有人羡慕的学术行政职官，在所外当过顾问、委员之类，在所内当过室学术秘书。1991年左右曾让我当室主任，我因生不逢时，做不满一届就到退休时候，频繁更换主任对工作不利，自己又不会弄钱，筹措点小经费也无能为力，局面打不开，婉言推却，被加以“不合作”的大罪名。自己知道自己多大能耐，不管怎么说，就是不当，这方面终究没有刷新纪录。

（二）

我第一阶段的研究课题，都是所里分配的集体项目。在大学时，我受政治运动的影响，逐渐形成大集体的想法，认为始终在集体中则一生平安，“反右”和“双反”加固了我这一思想（1958年，我在系里跟随和协助师兄张磊先生办系报《大跃进》，读了许多用火辣辣的文字批判个人主义的大字报），确定只做集体工作，不搞个人项目的原则。这就需要把个人融合在集体之中，不搞“地下工厂”，不争个人名誉、地位，不计较个人得失，在必要时能把个人获得的学术成果、找到的好史料贡献出来，全心全意工作。可以说几十年中我大体上是照此办理的，没有怎么越出自己划定的圈圈。现在看起来，这是一个多少有些过分的决定。我把一个个人特质影响极深的职业完全集体化了，而我的集体思想又有其片面性，并不完全正确。总之，我是这样地投身我的职业工作的大潮了。十年动乱前，执行最有力的，也是一切听党指挥的原则，这当然是对的。但走极端就不对了，完全不做其他有意义而自己也感兴趣的课题当然是不对的。在一般情况下，从事史学研究职业的人，工作若干年后就可能形成一个计划，选择以什么课题、什么领域为切入点，进入史学世界，一步一个脚印做去，以成就自己独特的治史路线和史学风貌。如邓广铭先生通过研究政、军、文、哲的关键人物，熟悉和带动整个宋辽金史；王毓铨先生从一开始就抓土地制度、阶级制度这样的根本，几年间就把自己的研究由秦汉史转移到明史，并成为明史大家；谢国桢先生、李光涛先生则坚持不懈，广泛、深入地熟研文献，进入断代史领域。如此等等。我没有任何这样塑造自己的长远规划，只是跟着任务走，学孙猴子在东胜神洲、西牛贺洲、南赡部洲间翻跟斗而不知所止。一旦有点自由支配的时间，也不从事有目标的研究，无目的地看看书、抄抄书就过去了（除卡片外，我还抄有数十万字明末农民战争资料，而没有写过一篇有关的论文），虽不算完全浪掷光阴，毕竟没有获得较大效益。

这个阶段参加并完成的主要著作为《太平天国运动史》《封建贵族大地主的典型——孔府研究》《中国史稿》第7册和大型资料集《曲阜孔府档案史料选编》。此外，还有批判“四人帮”影射史学的小册子。这一阶段虽然总觉得任务压肩，工作实际上时断时续，政治运动、专业工作、其他任务（如1959年3至10月协助历史博物馆完成中国通史陈列）、无效劳动相伴或交叉进行，形成游击战与阵地战并举的局面。迅速适应是客观需要，我总算走过来了。

《太平天国运动史》本是郭沫若先生应毛主席的要求准备写作的书，调我们四个青年人（王戎笙、龙盛运、贾熟村和我）当助手整理资料。全书是郭老亲自设计的。他在书中试验改进史学著作体裁，立意将传统的纪传体与纪事本末体结合起来，将历史的纵（进程）与横（问题）结合起来。在内容上他主张不单写太平天国一方面，还要知己知彼，写对立面，写清朝政治、军事领袖人物和各种对策。我们完成了搜集基本史料的工作后，郭老同意由我们试写《革命战争概观》（即纪事本末部分，亦即纵的部分），后来因国务繁忙而改由我们全部承担。现在回顾起来，郭老的史学体裁和内容改革基本上是一次成功的实验。全书实际上是纪传体、纪事本末体和近代章节体的结合，能够提供历史全过程的完整情景，又便于研究的展开和深入。内容较易产生重复，是目前明显暴露的缺点，需要改进。在我们完成的书稿中，描写清朝领袖人物的一章，就因存在重复而在出版时删节。无论如何，这样的体裁和内容改革是值得继续进行的。我为亲身参加了他的实验而感到荣幸。

我初出茅庐就参加《太平天国运动史》写作，自觉差距很大。同组三位同事都比我年长，各有所长，并且各具特色，取法便利。在他们帮助下，我起草了12节初稿，经讨论、修改后由王戎笙先生删增定稿。对我来说，《太平天国运动史》确实是集体劳动的成果。我从搜集材料到著作成文，第一次将所学到的史学方法全面应用，有叙述，有考证，有分析，有概括。而我认为收获最大的，是我的思维路线的根本，在工作过程中逐渐明确起来。这就是"实事求是"，人文科学工作者不应忽略的四个字。在同事们影响和帮助下，我追随他们，按历史实际研究太平天国的历史。我在写作时曾就一些具体历史问题做过考证，如北伐军人数、密诏杀杨、《待百姓条例》《天朝田亩制度》刊行时间、石达开安庆安民时间、秦日纲接替石达开主持安庆防务时间、石达开出走后另树一帜问题等等，得出新结论。关于《天朝田亩制度》的历史意义，是关系评价太平天国的关键因素之一。传统的看法把它捧成纲领、号角。这与太平天国对它少刊刻、少散发、少流传、少收藏、群众不熟悉的实际情况不符合。我们大胆地提出符合历史实际的创新看法，断言“它的真正价值之被发现不是在当时，而是在后世。它既称不上是农民革命纲领，也不曾在群众中发挥号角的作用。《天朝田亩制度》只能作为太平天国的一份珍贵文献，作为农民小生产者理想的典型载入史册”。这是在闲谈中、在切磋、讨论中提出、充实、论定，并一致通过的。谁最先溅出的思想火花已不重要，这里的有关引文是王戎笙先生改定稿，我起草的原稿已荡然无存了。太平天国领袖人物，我分工写作杨秀清、石达开二传，二人都是被广泛研究过的人物。传统上，写杨秀清，喜欢突出他的性格、作风上粗暴、严厉和跋扈的一面，我则力图据实揭示他宽厚、谦虚、奖功罚罪、执法平允的另一面，以恢复历史人物的本来面目，并就逼封万岁的问题提出新的看法，指出这个问题在政治上的不自然性（万岁就是皇帝，天下第一人物。从来只有自称、被拥戴两种方式获得称万岁权，绝对排斥由别人封授，逼封意味着承认另有天下第一人物。在杨秀清加入拜上帝会后，他始终承认洪的地位在自己之上，恐已深入其下意识，以致在此生死存亡的关键时刻，他还在郑重其事地傻乎乎地演出“逼封”的滑稽剧，而不日就是一场尸横全城，血洗天京的惨祸，令人哀叹，令人痛恨不置。天下事物的不自然性，恐怕没有逾于此者），以便确定问题的性质，求得对历史人物的公正评价。关于石达开，我把分析重点放在三方面，一是早期功绩，二是天京事变中的表现，三是被害前和被害时的思想、表现，提出新的看法。太平天国起义期间清朝军费问题过去研究不算多，我在基本查清清朝各项财政收入来源后，得出结论说：地丁和盐课总的来说不足原额，发行大钱、钞票也没有给清政府带来多少收益。清政府在它的常年收入之外，大量地追加军费，主要依赖厘金，这种依赖愈到战争后期愈明显；同时，在战争开始时的若干年内，捐输在财政上给予了重要的补充，此后海关税代替捐输而显示出重要性。我进一步指出，清朝战争的反人民性质贯穿在战争的各个方面，因此清军所有的军需给养绝对不可能都通过合法形式取得，抢劫成了清军解决给养问题的重要形式。此外，我还着重研究了财政制度上的改变即推行专人办饷措施，对解决军费问题的作用。

在太平天国研究临近结束时，我被调去参加一个新项目——曲阜孔府研究。这是研究组组长杨向奎先生发起和指导的一项工作。孔府的正式名称是袭封衍圣公府，其主人为孔子嫡派子孙，从北宋仁宗时受封衍圣公，历代世袭不绝，延续到清朝灭亡。这是一个源远流长的贵族地主家族，具有很大的代表性、典型性。它不为统治阶级内部政治风暴所摇撼，不随皇朝更替而沉浮，与在一朝一代就消逝了的其他贵族地主相比，它又具有很大的特殊性。孔府政治地位的稳定性，使它保存下来大量弥足珍贵的私家档案，主要是清朝档案，对于研究封建后期贵族地主的政治、经济，具有重大的意义。

研究孔府有三个方面：政治方面，是孔府作为贵族大地主政权与皇朝朝廷、地方政府及其他政府机构等各方面的复杂关系和活动；经济方面，是孔府经济的贵族大地主经济体系性质、特征和表现；社会方面，是封建宗法思想和制度、孔氏宗族族权统治、神权统治。孔氏宗族在中国传统宗族制度中具有极大的特殊性。宗族以嫡长子孙为大宗，余者为小宗，孔氏宗族不例外。奇特的是，孔子与诸先圣先贤先儒的师弟之间的宗法关系，在历史上结成以孔府为首，包括孟、颜、曾、仲等各氏的宗族体系，共奉孔府为大宗，孔以外各氏为小宗。这是一种放大了的宗法关系和宗族制度。我们初步研究了它的种种表现。但是，全书重点是经济史，占全书八章中的五章。历史唯物主义认为，经济是基础，社会物质生活的生产方式是基础，决定社会政治生活和精神生活的一般过程。也就是说，经济是历史进程的决定力量。我信奉这一理论。经济史的重要性对我来说是不言而喻的。我在大学时对经济史与其他史一视同仁，并无轩轾，我的大学毕业论文选题就是经济史。但后来自己也想不到，我竟与经济史日行日远。

这种情况对一个史学工作者来说是很不应该的、错误的。我们研究的是社会的历史，或者说是历史的社会，而社会是复杂的，社会历史是由无数的人物、事物、事件组成的，也是一个前行的曲折的发展的过程，无论从纵的或横的方面看，都是一幅五光十色、目不暇接的图画。要研究它，可以有轻重、分先后，而不应有大的空白。中国历史的极端丰富，史籍数量过大，已经迫使史学工作者采取铁路警察、各管一段的办法应对。这种办法割断了历史，实际上有损对历史的认识。如果在研究中再留下大的空白，那对认识历史的损害就更加严重，不可原谅。对此，我经常产生心理矛盾。我仍然摘抄经济史资料，关注经济史研究进展情况，阅读可读性较高的经济史论文，也没有完全停止对经济史问题的考虑，以期减少副作用。于是，我又原谅自己。偏向和错误拖成痼疾，无法矫治了（有的先生、有的年轻朋友，不赞成我在这一段写的意见。批评我说得太过分了。他们认为，现代学术越来越重视精细和创新，搞好研究最重要的是“取精用弘、扬长避短”八个字。历史太复杂、太丰富，个人不必所有领域都研究遍，要选取适合自己的课题，扬长避短。有意义很大、国家急需的任务，也要迎难而上。但学习则要广泛，自己不熟悉的，可以学习、汲取已有成果，这是被广泛认可和利用并行之有效的学术惯例。所以还有“取博用约、厚积薄发”八个字。个人研究了所有领域，未必是优点，造出过多平庸、粗疏、浅薄的“著作”，绝对是得不偿失。以上所说，也有道理，记此备考）。

已故著名史学家傅斯年、陈寅恪先生，都说过类似的话，将史学的科学性与生物学相提并论。我猜想这可能源于西欧某一大历史家的弘论。我在大学上《马列主义基础》课时，得知斯大林说过，将哲学唯物主义原理用于研究社会历史，史学“能成为例如生物学一样的准确科学”。我对此表示怀疑，这类议论完全忽视两种科学中影响其科学性的因素，是许多截然不同的特性：研究对象不同，生物学研究仍然存世的可以见到的生物，史学研究消逝了的人类社会历史；研究方法不同，生物学应用接触、观察、解剖、化验等直接方法得到认识，上升为理论，史学是就遗留的文字记录、实物残余、遗迹、民俗材料、民族材料，做考证、推论、对比、分析、概括、描述，既间接，又隔膜；根据资料不同，历史记录者的阶级性、认识能力、环境、传闻失误等，带来资料的不完备性、不准确性、不确定性，而生物学资料不大会存在这类问题；研究和著作者的阶级性和认识能力等等，严重影响史学著作的科学性，而对生物学著作影响一般较轻。因此，史学经常存在曲解和模糊性，会留下较多悬案和空白。有唯物史观的指导，史学能够正确地反映历史的实际。在科学之林中，有史学这株挺拔的大树的位置。这是毋庸置疑的。但是，史学的那些特性和困难的存在，也是不争的事实。以致史学走在科学的道路上，显得步履蹒跚。它作为人文科学的一个大类，是有条件的。条件就是它必须克服或降低其种种特性所酿造的副作用。这使它在“准确”上，即科学性上，很难与自然科学中的生物学相提并论。史学多错误和容易犯错误，就是它的特性先天地带来的。凡此种种，史学全部如此，经济史表现还更突出一点。我曾经说：经济史课题的研究结论，有一半符合历史实际，就是一流的成果。这完全是心血来潮说的一句笑话，如此具体的结论也难以复验，怎么知道有几分之几符合？这类想法却阻止了自己端正工作态度，重新起步，涉足经济史研究领域。

当然，将经济史课题作为集体项目任务分配下来，是另一回事。我也产生了从经济上进一步认识、剖析清代贵族地主的愿望。我了解一点明代皇亲经济上的情况，很想用来与清朝贵族地主做些对比。于是我欣然承担了《孔府研究》中的引言、地租剥削量和剥削率、额外盘剥、高利贷和屯义集行税剥削等章节，陆续完成，并通改全书，重新研究和写作个别全节和段落。孔府研究除我们这一项目的导师杨向奎先生最早做过外，其他没有人做过。因此，这是一本有点开创性的专题研究作品，含有许多自己的独立的研究心得。从我个人的工作中举例来说，我们研究孔府地租剥削时，不断地有所概括，或对其中的某些发展、变化有所解说。我在书中比较细致地分析、计算了孔府各种地租剥削量和剥削率，阐述了额外盘剥的种种形式、特征和意义。在修改本书时，我根据自己对孔府牛租的研究，提出牛租是封建地租剥削的补充形式，也是高利贷的变化形式，是高利贷剥削渗透进农业生产领域，同农业生产结合的一种典型形式。在写作商业、高利贷和屯义集行税制剥削一章时，我从四个方面对孔府的商业活动做了分析，指出孔府商业在孔府经济体系中的多方面作用，它是整个孔府贵族大地主经济体系中一个有利于强化这一体系，在若干方面（比如在消费方面）补充了这一体系的构成部分。我分析和说明了孔府高利贷的种种形式、特征和作用。我认为，孔府商业、高利贷剥削，表明贵族大地主经济是具有极大的扩张性、强烈的吸血性的经济。在考察孔府屯、义集市时，我认识到此种集市的设立，实际上是地主阶级内部利益分割或再分配的一种表现。孔府拥有一个私集群、私集体系，是贵族大地主经济的一种特点，只有凭借贵族大地主的政治、经济地位，才能这样公开、大规模、制度化地分享封建国家的集市征税权，并与地方政府的干预相抗衡。书中还就屯、义集市在孔府经济体系中的地位和作用，集市与社会经济环境的关系做了论述。

我也曾依据孔府历史实际例证，归纳孔府额外盘剥的特征：一是设置多层次的征收系统，其中每一层次都在租税原额上给自己增添新的份额，使租税额在征收过程中呈层垒式增长；二是在这样做时，可以是制度化的，也可以是非制度的，但任何非制度的盘剥都可以变成制度；三是征收时完全依靠经济的、非经济的强制，即断绝佃户生路、饥饿、锁押、官府助征（助纣为虐）等等；四是在征收中事故频发，征收经办人常常毁坏佃户庄稼，直接破坏生产。这些特征在贵族大地主经济中是非常典型的表现。还有一些实例，不及一一列举。这是青年人的研究成果，浅显但符合实际的理论升华。

写到这里，我联想起自己关于资本主义生产方式萌芽的初步的甚至幼稚的想法，不妨在此一并说说。新中国建立后，资本主义萌芽的研究大盛，它是共产党用马克思主义改造旧史学的标志性课题之一，也被向达先生归纳进“五朵金花”之中。当时，一些学生怀着复杂的心情，既欣赏其观念先进，又因其不出于传统史学而怀疑其真实性、科学性。我虽不怀疑它的“身份”，但也因其过分新鲜而生疏，解释的方法与其他史学课题判然两途，参考书很少等原因，与这个课题似乎存在隔膜。我觉得资本主义萌芽这个名词似乎就不是史学名词，我猜想这个名词不是史学家创制的，而是某个经济学家为描写经济现象而发明的，后来我又琢磨这某个经济学家就是马克思、恩格斯二人。我外语没有学好，不能到原文本中去查找可靠的答案，就请教牟安世先生，也没有能够释此疑团。这样的问题在当时的社会气氛下不适合敞开来同别人谈，更不能引起讨论，只能闷在肚里，直到自己弄个明白。通过参考已有成果和个人补充钻研，最后，我终于依靠不断阅读和思考马克思主义创始人关于“萌芽”的表述，得到一种自认为较确切的理解，才中止了对这个问题的反复思考。中国史学界对资本主义生产方式在中国社会萌芽历史的研究，理论的依据正是来自马克思主义创始人。因此，到他们的著作中寻找由其著作引发的问题的答案，无疑是正确的途径。

恩格斯在《反杜林论》一个注的后半中提到过资本主义生产方式的萌芽。他写道：“包含着整个资本主义生产方式的萌芽的雇佣劳动是很古老的；它个别地和分散地同奴隶制度并存了几百年，但是只有在历史前提已经具备时，这一萌芽才能发展成资本主义生产方式。”恩格斯在这里写得如此晓畅明白，显然，资本主义生产方式的萌芽就是指雇佣劳动。雇佣劳动，是以劳动力所有者出卖劳动力，而雇主以资金购买，来换取劳动力为自己进行劳动的。资本主义生产方式的基本特征正是这样的，所以说雇佣劳动包含着整个资本主义生产方式的萌芽。加一个“萌芽”，是因雇佣劳动在奴隶制条件下只是个别地、分散地存在，是细小的存在，不是大块地、成片地、集中地存在，不是大规模存在。“萌芽”可能还有另一种意思，即奴隶制下的雇佣劳动不那么“干净”，也会兼有一点其他剥削制度的表现，如劳动者身份不完全自由等。在奴隶制下，雇佣劳动所反映的资本主义萌芽会很少变化地存在几百年。它的发展，演进到资本主义为主导形态，要具备为演进所必需的历史前提才会发生。当它静静地存在，很少变化时，是没有经济意义的，史学上没有重要性，可以忽略，应该放弃，但在认识论上有意义，属于哲学范畴。

恩格斯加这个注，有他自己的配合正文的需要，我想说明的是，我所提到的认识论的意义。积累对社会发展的知识，我们知道，社会发展变化具有规律性。也知道，在阶级社会中，生产关系单一、纯粹的社会是没有的，先前的社会有后续社会制度的萌芽，后来社会有过去社会制度的遗存。这是各阶级社会的一个共通点。这就使人明白，在奴隶社会有雇佣劳动即资本主义生产方式的萌芽，是社会发展的常态，不足为奇。不要因为它身上沾染污迹即旧制度的表征而加以否定，或提出苛求。也不要因为它与新制度的主导形式有不同而怀疑，应对萌芽有切实的了解。比如，对某种植物的萌芽，必须正确理解它与长大了的植株不同，有的芽株的子叶竟与成熟的植株叶片形状差别极大，几疑不是同一植物。缺少正确理解的研究者往往会走投无路，只好改变恩格斯的理论，增加不必要的条件。当“延续性”问题提出来时，我觉得就是掺和“添加剂”。现在看来，萌芽多少会出现异形，社会与自然是一样的。《中国史稿》第七册不写资本主义萌芽，与我当然有关，与郭松义先生也有关。不过我们不清楚彼此的想法，居然没有讨论，也是不应该的。但是我对我的理解虽自以为是，符合恩格斯原意，实际上并无把握。我既未向高明者请教，也不再冥思苦想，稀里糊涂，近于半途而废。

（三）

第二阶段我的工作可以分为三部分：一是承担了一些公共工作，如担任研究室学术秘书、培养研究生、编辑本研究室创办的书刊（《清史资料》《清史论丛》等）；二是完成第一阶段项目的扫尾工作，其中最繁重、最累人的是《中国史稿》第七册的修改，又承担起新的集体项目，第六个五年计划史学项目《清代人物传稿》上编的编写、《清代全史》第二卷的写作；三是选做了一些个人喜好的课题的研究。第二阶段正当扫荡四人帮之后，专业工作环境的改善逐渐显著。可笑的是我偶然受到一点刺激和鞭策（比如，美籍华人学者黄宗智先生在香港的《抖擞》杂志发表一篇文章，介绍中国内地的清史研究状况，谈到了孔府研究和资料选编，却没有半个字说到这是我们的项目。这反映了向黄宗智先生介绍情况的内地同行对我们的轻视。但我们不能责怪这些同行，只怪我们自己不争气，没有做出可以引起重视的学术成绩），就以为耻辱，应该振作起来。无论担任学术秘书期间还是卸任以后，对于室里的工作，我真是全力以赴，不惜时间，不吝精力。杨先生让我为年轻人找个题目，管三五年。我考虑他们每个人的现状、基础、特点、兴趣和时间安排，甚至想到具体的人与课题相互适应的程度，以及成功以后可以完成的大著作的状况（此点是认真的，不是开玩笑或半开玩笑），选取最佳方案。

这个工作没有全部完成，但在两位同事身上表现出有效的结果。这是很有意义而且令我很得意的一项工作，所以特加叙述。其他有作用、无作用、鸡零狗碎的事务很多，开会，白花时间的事不少。比如，有些事不应找我，清全史由酝酿改正式，体裁由纪传改章节，篇幅定10卷，与《清代人物传（稿）》20卷一道列入“六五”规划的问题，应找郭松义（主任王戎笙此前已去美国，一年后才能回）。郭不在便找我。其实那时我连室秘书都辞掉了，“狗拿耗子，爱管闲事”，何苦来？又如，《全史》主编、主持人会议都让我敬陪末座，其实我无此身份，应该辞谢，不应浪费时间。总之，我自己也没有掌握好，也有责任，为此付出的时间代价，可能赶上副主任王戎笙先生。

这个阶段我的专业工作重点是《清代人物传稿》。此书上编厘为12卷，由我和同事张捷夫负责。我们先拟出近1000人的初选入传名单，在操作过程中调整。最终能否入传，要看传主的重要性、代表性和资料情况决定。稿件水平参差。作为两主编之一，我对全部稿件200余篇做了加工（其中有些满族人物传记，是约请辽宁社会科学院历史研究所同行写的，我只最后审读，并做技术加工），统一体例，修改文字，调整内容，纠正错谬，增补史料，甚至完全改写。所补刘宗周传中“刘一担”事，说明其人清正廉洁，是言行一致，身体力行的。所补张怡传中他自作执戟值班诗句，反映他在国势危殆时见到皇帝的愉悦心态，也更理解他后来当遗民的自然发展。李士桢传说他本姓姜，山东昌邑人，崇祯十五年（1642年）归旗辽左，为什么？未作解释。此种写法系据王利器《李士桢李煦父子年谱》，该书对此事亦无明白分析。这是通不过的。此事的真相实为，崇祯十五年十二月十六日，清兵破昌邑，掳士桢入旗下为奴，后被佐领李西泉收养为子，改姓李，拔擢为继李西泉任佐领，遂定。我自己写的传记，则重在拾遗补阙。所写王稼、褚人获、苏昆生、黄通、顾六、宋乞等传，可能是他们首次拥有的传记；所写刘泽清、马逢知、柳敬亭、陈子壮、张玉乔、李长祥、郭惟秀（猫儿）等传，我也做了新的重要的探索。这是一项有意义的工作，可惜拖延过久，我只部分参加主编和写作（有第2、4、6、7卷，第9卷只参加写作），而且全书还差两卷没有完成。

在第二阶段，我开始做一点个人喜好的课题的研究。

我觉得，对于自己从事的事业、职业，一要了解它的特性，二要了解它的历史，这样，工作就有针对性，合乎规律，得心应手；也因拥有较多的专业知识，能够知道并理解天比井大，而对从专业角度认识同行、认识自己采取实事求是的公正态度，不至信口开河，褒贬任意，看自己一朵花（岂是一朵普通的花，实在称得上是天上罕见、人间全无，不知怎么传留下来的怪异之种，写历史浅陋不堪，挖掘自己的“优点”则可以把地球挖个对穿），说别人豆腐渣，从而真正做到宠辱不惊，摆正自己和有关的人的学术位置。因此，我乐意拜读、学习同行们自己写的，能反映个人特色并且真有所发明的著作。把人的脑袋完全等同于一部机器，每天都能以相同的速度转动，产生相同的能量，作用于生产，就像生产物质产品一样，能够规定相同的日产量，并且完成。这样的“著作”，我肯定是不读的。脑袋不是灯泡，同一支灯泡每天都发同样亮度的光。脑力的发挥不同，它受休息、营养、病痛等的影响而产生起伏。人文科学方面的著作也有特点，著作过程不是每天均衡进行的，研究和写作过程中碰到的问题，写作碰到的意外，有难有易，有的难题许久都解不开，而高额的日产量照样完成。我想如果不是绕开难题，就是没有发现难题。这种著作，我是丝毫没有读它的胃口的。至于研究，我喜好的课题之一，就是研究清史的史学史。我研究过清末民初的一批清史断代史著作，和孟森、陈垣、陈寅恪、谢国桢、商鸿逵等前辈先生的清史研究成就或一种重要的明清史著作，发表了相关的论文。关于王锺翰先生，我虽没有写过论文，但在中央民族学院祝贺王锺翰先生八秩华诞大会等公开场合发过言，谈对他的治学特点和清史成就的体会，称之为“第二代清史学家的旗手”。关于清史史学史，我逐渐形成一些想法。我认为清末民初刊行的一批清断代史，是代表襁褓期中国近代清史学的著作。它们虽是适应资产阶级革命需要的产物，但幼稚性是其显著特点，史料来源单薄，专题研究基础严重缺乏，受天命论等旧史观影响较深，多耳食之谈，以此学术水平偏低，没有能力代表资产阶级清史学而屹立于史学之林。只在史料提供、专题研究更加充分的条件下，社会的客观需要才催生出孟森、萧一山的更成熟的著作，使他们成为本学科奠基人。我饶有兴趣地对孟森做了一些研究，这项研究增进了我对清史史学史的了解。对其他前辈清史学家或他们的重要著作的研究，也对我个人有良好的帮助。

由于成长过程的影响，我对清代文艺史课题有浓厚的兴趣。但是这是一项需要很强的专业知识的工作，我当然要努力避免班门弄斧的尴尬，只能从夹缝中寻找适当的小题，并且尽量侧重自己的史学本行。其中我自我感觉良好的，有明清隔壁戏研究和说书艺人柳敬亭、昆曲清唱艺人苏昆生（二人即吴伟业所说的“楚两生”）研究。我研究了隔壁戏起源、发展、消亡的全历史过程，描写其状况，分析其必然性，即探索和概括其运行的规律。我因为没有见到过前贤、时贤这样研究曲艺史的论著，又因我虽利用过前贤和时贤的有关成果，但大部分是自己独立研究的收获，就以为是个人研究成功的实例、为一种事物寻求其规律而得到结果的实例之一，而很得意。我将在一册登载我此项成果的《清史论丛》，赠送给一位四川籍同事时，题词道：“辑末小文，窃以为能得隔壁戏源流之崖略，且试为提炼曲艺发展之规律，似可谓微观研究与宏观研究、历史实际与艺术理论相结合者矣。世之知此戏者非寡，而误解者亦众，能如小文备详其首尾者，未之前闻也。以是敝帚自珍，尝自鸣其得意。贵乡相书，则此戏殿军。相书失传，近三十年间事耳。艺术品类失传，一如自然物种灭绝。古人千百年养成之此项妙技，遂不可复见。事关蜀土故实，蜀乡人士允宜知之。暇时倘一检小文，想当共此扼腕也。”（题词经回忆复录得之，或小有出入，大致不甚相差）我对此文自我欣赏、自鸣得意，也不知道是“享受过程的愉悦”（一些足球圈内人语），还是小有斩获就浅薄得不知天高地厚。我依据对自己的了解，宁愿相信是前者，或者前者占的成分居多，何况我的成果正确与否还无人说话，我一向觉得，吃我们这碗饭的人最大的乐趣，就是在故纸堆中爬梳，弄得灰头土脸之后，得到一点结果，自己检查验证无误，认定没有白花工夫，做出了成绩，为祖国的历史增添了一点儿明白，这时候最快乐。对楚两生的研究，我有过同样的感受。我对这两人的生平和艺术都做了考查、分析，有所发现，有所创新。当我把柳敬亭的生、卒两个年份之谜终于全部破解之后，高兴得真是莫可名状。我得到了什么？我只得到两个迷失已久的年份，但是恢复了这个问题的历史实际，让科学夺取了胜利。

应该承认，科学有它的独立性、神圣性，不是其他事物的附庸。但是科学要为人类服务，要造福于人民。史学不能例外。史学不能捏塑、扭曲，削足适履，去迁就其他事物，史学没有这类“功能”。史学是提高人的精神素质的科学。史学给人经验、教训，给人榜样、力量，给人高远的眼光，给人开阔的襟怀，给人智慧，给人方向。史学如果采取冷峻的孤芳自赏的态度，或像权奸一样对其妄加穷凶极恶的专横摆布，或像文痞一样对其肆行别有用心的险恶篡改，或像奸商一样将巧取豪夺所得作为进一步勒索社会的本钱，而不是去热情拥抱社会和人民，对国家和民族的命运漠不关心，史学就丧失了自身存在的价值。因此，史学要有鲜明的是非感，要发扬光大历史上的真善美，鞭挞假恶丑。这对史学工作者的德才学识，对他（她）的鉴别力构成严重的挑战。我自知差距很大，但心铭勿谖，记住投身史学的此一重要方向。捧读陈寅恪先生《柳如是别传》时，看到他史实挖掘之深，竟然揭出清初存在的暗潮汹涌的大规模地下反清运动，以及到处取材，驭重若轻、驾轻就熟的史料学功夫，深感震撼。揭出“复明运动”，科学意义重大，有助于恢复清初历史的全面性、复杂性、真实性、丰富性，振奋民族精神，特别适合表现史学的前述功能。我也不喜欢联缀现成史料成文。研治史学，不仅有枯燥、单调、艰苦、易犯错误的一面，还有过程中就充满趣味、富于吸引力的另一面。经过艰苦的搜讨，不断地一点一点地接近历史真相，即使半途遇阻，也留下不尽的悬念和无穷的“相思”，那绝对是吊人胃口的。《柳如是别传》中不论是揭示的新史实，还是追究不下去被挂起来的问题，都能给我造成影响，更何况当事者陈先生本人。

《柳如是别传》中《复明运动》一章，似乎启动了我的历史“兴奋点”，使我对史学功能的理解和史学研究的兴趣找到了新的立足之地。附带说明一下，我认为研究和写作，都需要有兴奋点。兴奋点是由一些因素共同作用形成的。这些因素在当事人有较好的事业心的前提下发生影响。这些因素有，课题具重要科学意义并且它有较高的难度，当事人的思维习惯、趣味倾向等与课题特别吻合，当事人对课题具备起码的知识（知识越多越好），完成课题的各项规定对当事人不构成严重障碍，等等。兴奋点是什么？简单说来就是动力。于是清初复明运动的研究，成为我在第二阶段中最喜好、最显眼的课题。复明运动是陈寅恪先生概括得出的概念，指的是什么？我在《平一统贺王盛复明案始末》文中，曾将大段大段的复明运动历史，浓缩成一句话：“复明运动是在清朝的严酷统治下，由一部分明朝遗民和其他汉族地主阶级人士组织的以恢复明朝统治为目标的地下活动，一种持续的、广泛的、有组织的民族抵抗运动，一股具有相当规模的运动潜流。”我踏着陈寅恪先生的足迹，研究了江南、浙江、湖广、北方的复明运动和复明大案，写出 20 万字论文。这大部分是阐发幽微的工作，其中李之椿、平一统、杨鹍、虞胤、陶尔鼐等案和史可法扬州督师幕府人物，前人所知甚少；魏耕、李长祥、吴祖锡等的活动，从前虽有研究，但多缺漏、失误。这种状况在理论和史实结合的基础上给我留下了广阔的发挥余

中国社会科学院学部委员专题文集
ZHONGGUOSHEHUIKEXUEYUAN XUEBUWEIYUAN ZHUANTI WENJI
清初复明运动
何龄修◎著
中国社会科学出版社

《清初复明运动》书影

地。我的研究取得了初步的成绩，有待扩展和深化。

研究复明运动的重要收获，除得知若干新的史实外，在复明运动新史实（陈先生所得和我最初研究二三起复明大案所得）的基础上，我试着对运动性质和特点做了理论概括，简述结论如下：

一，复明运动是基于清朝统治的扩展，以及圈田、缉逃、剃发、压迫措施的推行而发生的。它的政治性质是明确的。社会在继续行进，历史问题的是非是不会消失的。它是清初民族抵抗运动整体的一部分，是清初整个民族斗争的一部分。参加这一斗争的各个阶级、阶层、政治集团的目的是不同的，即使同一农民军或同一南明政权内部，其集团和个人的目的也不尽同，那正反映了构成历史前进运动的基础的情形，并不能借此抹杀他们反抗清朝统治和民族奴役的共同目标，因而也不能抹杀他们的共同事业的民族斗争性质。

清兵入关后在全国进行的战争，不是统一战争。战争的性质和历史评价，是由促成战争发生的社会矛盾决定的。清政府推行民族征服、民族奴役政策，激化民族矛盾，上升为社会主要矛盾。人民奋起反抗，清政府出兵镇压，这样发生的战争怎么能加以统一战争的美名？

二，复明运动有明显的特点。复明运动的基本的活动方式是地下活动，这是它的第一个特点。当清军南征夺取江南时，明清两方斗争激烈，战争是斗争的基本形式。清朝取得江南后，形势变化。在清朝严酷统治下，聚成一军不容易，坚持下去更困难。复明运动大都被迫采取地下活动方式，积聚力量，准备最后一搏。

三，一般说来，以夺取政权为目标的斗争都不能不使用武力，通过生死决战，最终实现目标。地下活动不过是为最终进行战争做准备。战争是实现目标的最后手段。因此，复明运动与武装斗争最终结合起来，地下活动与战争最终结合起来，是复明运动的第二个特点。面对剽悍强大的八旗兵、野蛮骄纵的绿营兵，复明运动首领煞费苦心，一面深入绿营内部策反，分裂、破坏清军，一面还要谋求拥有武装，准备战争。在白手建军千难万险的情况下，或依靠同一战线上的现成军队（南明官军、起义军等），或联络不同色彩的其他军队（如策反清军、交结具反清倾向的以劫掠为生的穷人武装等），或数管齐下（自己也少量招兵买马）。总之要有自己的刀枪。活跃在距南明官方不远处的复明运动，还给南明提供人员、经济、物资、信息等方面支持。

四，复明运动有广泛的阶级和阶层参加，是这个运动的第三个特点。明朝宗室、官绅、将校、商富都要维护既得利益，不甘被剥夺。特别是明朝统治下最富庶的官僚和儒学传统都很深厚的江浙地区的地主反清意志更强，自觉还有与清朝作殊死斗争的力量。清朝统治渐趋稳定后，汉族地主分化日趋严重，坚持复明的地主也将斗争转入地下，其性质则仍是民族斗争的继续。至于农民、奴仆、商贩等社会基层群众，也因清政府很快表现出它的地主阶级本质，出面镇压奴变、佃变，又推行剃发结辫等民族奴役措施，使其曾一度出现过的对清政府的幻想迅速消失，而积极投身抗清斗争。复明运动有各阶级、阶层的广泛参加，正表现了它的民族斗争性质。

五，复明运动的分散性，是它的第四个特点。复明运动是各地反清力量多股奋起参加的政治运动。他们异地而一致拥护南明，也没有根本不同的利益和主张，但始终只各自与南明（政府、义军）建立单线联系，坚持独立活动，从未试图合并成统一的运动。也不是鸡鸣村舍，老死不相往来，但联系限于磋商、鼓励，不是统一组织、部署、领导、指挥。其关系的松散性和分散性是很明显的。分散的个体小生产基础上产生的政治运动，缺少群体的团结的统一的意识，是造成这种状况的根本原因。地下活动环境严酷，也起重大作用。人数过众，规模太大，不利隐蔽，其理明显。生死存亡所关，不能不万分谨慎。这样做的结果，虽有助于运动在一段时间里的存在，却削弱运动的力量，以致最终被清政府各个击破和消灭。

六，在复明运动各地各起势力内部，也缺乏严密的组织和领导。复明运动的每个群体，实际上都只不过是一个由首领串连起来的志同道合的团伙，而没有成为用严密的组织系统和森严的条规纪律结合起来的群体。也就是说，没有形成一个真正的组织。他们结合起来的方法，除共同实现复明目标外，就是串联、结拜，以及分授南明空衔官职。被清朝捕杀的威胁也加强了他们的向心力。但从来没有建立上下相称的系统的组织结构，没有形成有威信的行使权力的领导集团。在政治上，他们是一些明确的复明主义者，此外就没有其他的政治纲领、口号，没有动员、团结群众的更实际的政治思想武器。这是复明运动的第五个特点。因此，各地各起复明力量内部关系也是相对松散的。这里表现了封建时代的政治运动的幼稚性。这样幼稚的政治运动的潜流是不难遏止的。作为民族抵抗运动的一部分、一种有形的运动，复明运动缺少明显的成就，也没有存在很长时间 。许多首领、组织者和骨干不是被捕遇害，就是变节改图，或在失望中抑郁而亡。其后天地会虽也标榜“复明”口号，但其斗争性质已然不同，民族斗争色彩减弱，阶级斗争旗帜更加鲜明起来。历史又翻过另一页了。

七，复明运动没有实现自己的目标，最终陷于失败。这有其必然性。复明运动自身有重大弱点，但这不是失败的根本原因。从明朝一方说，复明运动所拥戴和依靠的南明，是孱弱而又充满内争的、分裂的力量。只经过十几年不断的内争，地广人众的南明就沦为李定国孤军奋战。大厦将倾，一木难扶。在明清对抗过程中，南明取得的或大或小的胜利，常常只是昙花一现，不能造成清消明长，南明持久胜利，积久复兴的局面。南明不能复兴，甚至不能给人希望。复明运动失败的必然性，在明清对抗的中期阶段已逐渐显现出来。从斗争的环境说，复明运动是民族矛盾激化的产物，一当民族矛盾相对缓和以后，它的存在就失去了依据。从明朝对立面清朝一方说，军事力量强悍，政治上满族亲贵内部虽有矛盾，但没有达到妨碍他们有效地实行统治的地步，对汉族地主采取较成功的政策和策略，较快纠正或中止一些不得人心的政治、经济、军事措施，因而其统治日益稳定和扩大，民族矛盾趋向缓和。在这种情况下，复明运动渐渐失去向心力、活力和热情，即使不遭清朝破坏和镇压，也会自然萎缩、瓦解。

以上是我对复明运动的理论性认识。复明运动是复杂的长期被掩盖的历史现象。这种遮蔽历史真相的屏障，被陈先生一手搬开后，运动真相还在点点滴滴地进行揭示。几点理论性认识则是我的思想的初步升华，陈寅恪先生也没有这样说过。如果我的理论思维能力稍好一点，当然可以突破目前这种粗浅层面上的升华，有所深化。但这是先天的局限，没有办法。即使此一层面，对不对也还待高明赐教。我对明清易代的其他重要观点，在《关于抗清复明斗争和郑成功研究问题的几点看法》文中，不赘。

（四）

我还将1997年划为第三阶段开始。标志性的工作是我应邀参加整理、出版《四库禁毁书丛刊》。这是图书馆界人士朱宪先生等发起、组织的项目，经申请得到国家认可，自筹资金启动，国家略加赞助的。事实证明，用此种方式经营出版，改变由公营出版社单一经营的方式，进到双轨制，开辟了一条通向兴旺发达的社会主义出版事业的坦途。

《四库禁毁书丛刊》主编是中央民族学院（现名中央民族大学）教授、著名清史中国民族史专家王锺翰先生。项目发起者、实际主持人朱宪先生，大学图书馆学系毕业，原在北京大学图书馆工作。这个图书馆皮藏丰富，有入中国图书馆三鼎甲的资格。丰富的馆藏滋润了朱宪，他又虚心学习，使他增长了学识，“书皮子” 学问（他自己总结的充满玩笑味的名称）我看是满满的。他有充足的社会生活知识，特别是有开阔的全局眼光，善于捕捉问题的关键，能够熟练地掌握和处理人际关系中出现的各种问题，是一个毋庸置疑的干才。如果他像以往一样在北京大学图书馆干下去，磨掉他身上所有的棱角，这个干才不管如何能干，也就埋没了。但“天生我材必有用”。他终于静极思动，敏锐地察觉四库禁毁书的生机和商机，认准这是跳出圈外，试试身手的机会。图书馆领导慷慨地给他开辟道路，允许他用几年时间暂时转业闯荡，培养自己。他毅然决定利用此良机，择定四库禁毁书，集学术（古籍整理）与出版于一身。这是一个无比正确的决定。

四库禁毁书是指什么？即指乾隆借修《四库全书》禁掉毁掉的那部分古籍，不包括在此以外的禁书毁书，例如清朝中叶禁止的所谓“淫词小说”即不包括在内。这是乾隆虐政的产物。禁毁书和文字狱，构成最新形式的“焚书坑儒”。禁毁书是乾隆毁坏古籍、摧残文化的至今犹存的确证。有关这项书籍的摸底工作，朱宪先生在申请立项前已独立完成了。朱宪据各种禁毁书目统计，四库禁毁书总数约 3000 种左右，经调查各馆藏书目录统计，现存数折半（实际工作结果，我们共征集、整理、出版 934 种，未能征集、未能利用者似不应超过 100 种，与摸底统计数相差仍多，主要是清朝官员虚报禁毁书名冒功造成的。虚报的方法有一书异名报、拆零报、作者编订者并报、部分抽出另报等等）。王、朱二先生邀我担任王先生助手，委以（第一）副主编兼学术部主任名义，专管学术事务，学术以外事务一律不沾边，可谓专注。我从未做过这样规模的整理古籍工作，怀疑自己的能力。不过我与古籍是老交情，一接触我就兴奋起来，脑手眼并用，相互配合，紧张工作，整理工作就一步一步顺利展开了。在那里打工，报酬不高，但我不是奔那个去的，我喜爱这份工作。四库禁毁书大部分是善本、孤本书，我几疑工作过程是进入了皇家翰苑，在那里纵情留览外间难得一面之书。我与各位同事之间相互尊重，关系融洽。王锺翰先生努力营造一个宽松的工作环境，促进集体的和谐，以是大家都能心情舒畅地工作。我和朱先生之间更是配合默契。他完全尊重我自己安排的工作日程，根据轻重缓急对打工、个人专业研究和其他个人事务做出的时间安排，从不用明白的或暗示的方法催促我为禁毁书项目干活。我也努力掌握进度，不让我的工作扯他们工作的后腿。

尤其重要的，是我作为学术负责人，首先要保证进入丛刊的禁毁书的真实性，不是另一作者的同名书、同一作者的另一书、禁毁后的篡改本，以及其他鱼目混珠本，而不折不扣地确为乾隆禁毁的那种书。这是保证丛刊学术价值的第一要着。这个任务是我和朱宪先生配合完成的，他在征稿时鉴定，我从内容复核。至今检查，我们这方面工作做得还不错，保证了质量，没有出明显的纰漏。

其次，要保证页码排序的正确率。这个问题包括需要注意的两个方面：一个方面是每页线装书前、后两面的拼合，另一方面是页与页间依次衔接。据估算全套 400 册约共 56 万页，一、二审纠正大部分错误。我三审（我看了总册数的略超六分之五）是最后一关，最后印制出书，是否遗留有错，是我的责任。全部排列无误，是一个艰巨的任务。稍一走神，就有漏网之鱼。我也走神（我看过一、二审，好像也有看漏的），就留错。不过，到现在还没有揭出，我隐约觉得可能未出大错，但保票则不敢打。我那时以临深履薄的心情对待此事，但客观上困难始终存在，我必须眼睛一扫就能做出判断，没有更多时间。我头脑中的知识库必须大敞开，多方面帮助我迅速形成判断，确实是很累人的。

古籍在保藏、流传过程中会制造或出现一些问题。这些问题如果不解决，等于一个受伤的士兵没有医治痊愈就被推上前线。例如，我们从北京师范大学征集到明人陈九德的《皇明名臣经济录》，全书依官制分卷，共10卷，第10卷刚编到“礼部（一）”，六部才过半，不完整。如果到第10卷已是足本，作者就不会用职官机构名做卷题，留下话柄。因疑为残书，经查陈九德家乡《栾城县志》，登录为12卷，初步证明果是残书。后朱先生寻找补配书时，在青海省图书馆发现此书的卷11—18，则此书实为18卷，《栾城县志》亦误。后来从中国人民大学发现全本，问题得到解决。又例如，我们从山东省图书馆征得明人无名氏《新纂乾坤宝典天文》，抄本，约600页，这是一种将天文、人事、自然现象等配合起来，解释和讲述历史的书。二审时，审读的先生发现此书只有前面百余页装订正常，余则混乱错杂，不堪卒读。原来，馆方拆开修裱此书，裱工师傅中途忘了标记书页次序，只好拢到一起，分册订线了事，以致如此。最恼火的是，全书无目录、无页码，缺少分割内容段落、排列顺序的标志；又是孤本，缺少对照清理的参考资料。当问题摆到我面前，我知道这是对我的一个不大不小的挑战。我反复翻检全书内容，发现书中有大量小标题是解决问题的惟一可依赖的线索。经过仔细阅看，我感到小标题都讲列星，也有不同，归为两类：嵌有 28 宿星名的一类；其他的一类，多与气象有关联（分别简称为 28 宿类、气象类）。气象类有线装书页略超 400 页，但其中百余页排序正确，只有 200 多页需要我们排出来。小标题多，是绝大帮助，200 多页中，只有四个小标题下文字超 10 页（《中宫紫微垣经星占》38 页、《太微垣星占》19 页为最多，共占 80 页），其余为每题数页，以 1、2、3、4 页者居多。于是我根据小标题与内容的关系、小标题之间的联系、文字的衔接等多方面因素，很快就把气象类书页次序排出来了。经过查书，我了解到从汉到清 28 宿排序无变化，决定利用 28 宿小标题分割这一类书页排定次序。如果不是找到这一分割标志，174 页书就成为混沌一片，排序难度就大得多了。分割以后，每一星宿小标题平均只领有 6 页多一点，找齐就比较容易，排序的问题也得到圆满解决。似乎比较困难的问题，顺利地得到解决，看起来我选择的路子是对的。这一成功增强了我的信心。

还有多方面的工作，最繁琐最辛苦的缺页补配工作，其量极大，是朱先生一人完成的。

缺页严重，与其禁毁书身份有关。因此，出现多个图书馆藏同一种书都是残本的情形，也不足为奇。这给我们一个机会，取有补无，众馆齐凑，拼合出一些足本、全本来。例如沈懋孝《沈长水先生集》，中国科学院图书馆、南京图书馆各藏一残本，后者还留存《总目》一份，按图索骥，合成足本。鲁之裕《式馨堂文集》，是取南开大学图书馆、天津图书馆、上海图书馆、国家图书馆四个本子，去重后成为足本。我没有记录，也记不清做过什么书的拼合，但我做过（我忽然记起，似乎朱长春《朱太复文集》甲、乙二部的拼合，就是我参加做的，其他的真失记了），体会过其繁杂绞缠，有时理清端绪也很花工夫，完全不像将一棵菜从菜筐里捡到菜篮里那么麻利、那么爽快。

还有的书要动大手术。明末清初陈济生辑《启祯遗诗》，是一部富有文学价值和历史价值的总集。全书题名虽为《启祯遗诗》，其实内容主体却是南明遗诗。启祯遗诗固然是全书的一部分，但从篇幅上说不占主要地位，辑者却用为全书题名，显然是另派有用场的。依我看是用来遮蔽、掩藏南明遗诗，冲淡全书的反清色彩的。这是士人为避祸采取的预防措施。辑者生前已将绝大部分稿件征集到手，采用“诗到随选随刻”（《凡例》）的方针陆续刻印，但并未成书，散页或装订后流传下来。1958 年，中华书局上海编辑所以陈乃乾整理本为基础，稍作增补、调整，影印出版。我负责审读，发现它利用现存资料不够，编排略有失误，诗、传分家不符合辑者原意等纰漏。编委会决定重编。这项工作由我们四人承担，以中国科学院图书馆藏《启祯遗诗》为底本，采进底本所无而他本尚存的资料，纠正错误，调整目录，保持四字书名，完成重编工作。

此外，我还做过起草编纂缘起、编纂后记、补编说明的工作，主要与朱先生商量，并由他提供资料，王先生审定。

乾隆作的恶，由一群毫不相干的平民百姓，来替他处理一项重要的善后，而又可惜迟了200余年。这是历史开的一个不可思议的玩笑。但看到400册书（止编310册、补编90册）排列整齐，琳琅满目，金字闪闪，深红一片，除憾有遗珠外，以为办成了一件大事业，也觉豪情满怀，不负此生。

我从来没有申请过项目，有时填了表最终也不交。原因是我认为史学科研是个水到渠成的问题，申请成为项目，虽可解决经费，却限时完成，这就让我犹豫。去冬例外，在一群一向互视为忘年交的年轻朋友建议下，搞出一本关于“楚两生”生平和艺术的小册子来。我的申请得到批准，现在就忙这个。我对卓有成就的古人历来深怀敬意，对楚两生即柳敬亭、苏昆生则因长期研究比较熟悉而尤甚。我研究此二人，写过一些文章，在大量书证资料的基础上，提出系列年代新说、史事新说或线索、艺术新论析等等创新成果。我的项目还是有适当基础的。从已知的史实看，称楚两生为民族艺人是站得住的。他们为民族利益而斗争的事迹却大都已被淹没，复原似无可能。我个人尽力而为，奏功尚须群策群力。

民族艺人的问题，靠资料解决，也靠资料充实。资料的价值如何，即可靠性如何，是要经过检验并且经得起任何严格检验的。有的文艺家想象力出众，其思维像跨上了坐骑，可以在文艺领域纵情驰骋，但不要越出界外。如想闯进史学领域，必须改弦易辙，否则就可能碰上人家闭门谢客。史学中没有“虚构” 的容身之地，即使申明是假设，也须得到证实才能获得认可。这是史学规范的要求，不能违反的。

（五）

我学过三门外语，没有一门过关，日久全交还老师。“少壮不努力，老大徒伤悲。”于是自承为语言方面的“残疾人”。加上我搞清史，而不去准备工具，不去学满语，成为“双料残疾”。青壮年时混混，涉及外语、满语的课题都不去叩关。老了，自知差距大，反省自己不是高尚其志的人，从不自称“专家”“学者”。

童稚时我是长辈承认的“聪明”孩子，但我很早就知道“小时了了，大未必佳” 的话。以国难家故频繁，长辈无暇顾及，孩子自己不懂，成长就听其自然了。从初中阶段开始，我产生了读书兴趣化倾向。教国文的钟老师以

《古文观止》为教材，但上课时不带，靠记忆、背诵，引起我的好奇心，特别爱好国文，而讨厌数理。这种“偏食”习惯，我一直保持到最后。因此我的思维能力的训练，受数理之惠者偏小。受其他功课训练之惠者，其发展也不大明显。成年以后我的脑力大约是中人之智，即一个平常人的智慧（理解力、想象力、分析力、表达力、记忆力、学习力、决断力等之和），只在其下，不在其上。进入老年期后，记忆力严重衰退，较之老农，明显不如。

大部分时候，我的反应迟钝，见事迟。等明白过来，应对上可能有其周密性。故我宁愿跑腿，不爱当官，生怕在我手上造成过失，难以补救。

新中国培养的人才，自然信奉马克思主义，但理解肤浅。经典著作多，学什么好？基于过去的学习心得，形成一个史学工作者初步学习的简单书目，从学习唯物主义认识论开始，此种认识论学列宁《唯物主义与经验批判主义》，基本理论学恩格斯《自然辩证法》《反杜林论》、马克思《资本论》（选读），理论如何用于认识社会学列宁《俄国资本主义的发展》。这是最初步的学习用书目，应细读、反复读为好。读完后再选读别的。如有兴趣，唯心主义者的名著也在选读之列。读这些书，通常认为目的在于改造立场、观点、方法，这当然有道理。如果加以补充，说改造思维，端正思维路线，改革思维习惯，是更易体会到的成效。我的初步书目形成过晚，没有重新温习、

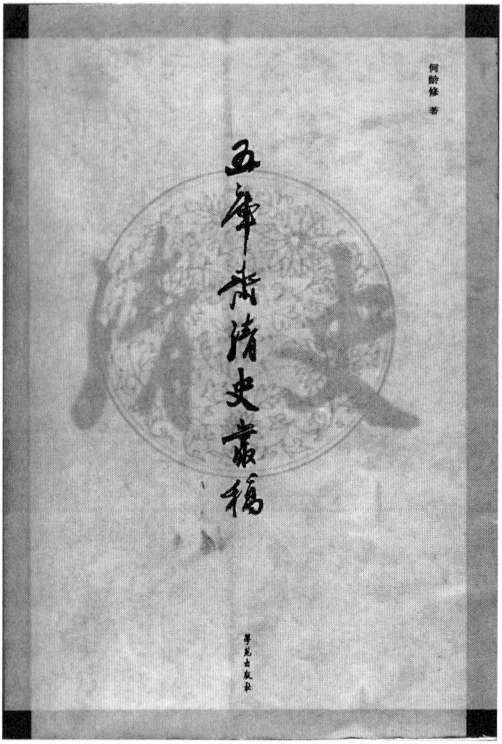

《五库斋清史丛稿》书影

体验。

治史首重历史全局。全局不清，是非极易颠倒。时空是历史的载体，其重要自不待言。职官体现统治阶级进行统治的人事布局，是历史的非常重要的关系人。目录学的功用，首先就在它是挖掘史料时的知识来源。邓恭三（广铭）师将年代、地理、职官、目录学概括为“四把钥匙”，打开四扇重门，将你引进史学厅堂的必不可少的工具。我在这里说的，只是治史直接的实用的体会。无论如何，这是中国史学史上的一项重要概括。将有关的问题视为小节，当然是与大局相对而言的，可以的。但因其为小节而小视，则是不可以的，可能闹笑话，甚至铸成大错。那时后悔就迟了。

许多人脸上都蒙着不止一层面纱，有意无意不以真相示人。这是很可笑的。剥开来看，不就是如此吗！

何龄修

二〇一一年十月

目录

史实辨析

篇前卷尾

附录

易代人物

龚鼎孳

龚鼎孳，字孝升，号芝麓，庐州府合肥（今安徽合肥市）籍，江西临川（今抚州市）人。他生于明万历四十三年十一月十七日（1616年1月5日），清康熙十二年九月十二日（1673年10月21日）卒。他一生在诗文上有所成就，号称清初“江左三大家”之一，在政治大转折中却全身保家，朝秦暮楚。

他的祖父龚承先，举人，曾任州县官。父龚孚肃，读书不仕。伯父龚萃肃，进士，阉党，天启末官至太仆寺少卿。魏忠贤失败后，龚萃肃反过来严劾崔呈秀、田尔耕等以图自免，但最后仍与冯铨、阮大铖之流一道名列逆案“交结近侍又次等”，“坐徒三年，纳赎为民”①。鼎孳虽骂

① 李逊之：《三朝野记》卷4《崇祯朝》（丁卯九月起至庚午十二月）。

嫡伯“最无行”[①]，但政治上免不了受萃肃一些影响。

鼎孳资质颖慧，承先“手授经书，亲加课督，不丙夜不就寝”[②]。崇祯五年（1632年）他进学，六年中举，七年联捷成进士。

他一登仕途就对抗农民起义。八年（1635年），他履湖广蕲水（今湖北浠水）知县任。当时，农民起义烽火已燃至蕲水所在的江北。从前一年开始，扫地王等部农民军在那里穿梭往来，攻城略地，官府风鹤常惊。鼎孳下车伊始，就“增城浚濠以守”[③]，紧张时往往登陴防御。在战争间隙，他调度兵饷，招集流亡，也兼顾振兴文教。

同许多封建官僚一样，尽管明朝统治岌岌可危，他仍过着一种两面生活。十二年（1639年）冬，谷城变后，农民军重新崛起。老回回等部二万人分屯蕲水东邻各县山寨，“多购蕲、黄人为间，或携药囊、蓍蔡为医卜，或谈青鸟姑布星家言，或为缁流黄冠，或为乞丐戏术，分布江、皖诸境觇虚实，时时突出焚掠，相持逾年”[④]。鼎孳

① 李清:《三垣笔记》中《崇祯》, 中华书局, 1982年, 第53页。
② 严正矩：《大宗伯龚端毅公传》，闵尔昌辑《碑传集补》卷44。
③ 邓琛等：光绪《黄州府志》卷4《建置志·城池》。
④ 计六奇：《明季北略》卷15（崇祯十二年己卯）《贼间》，中华书局，1984年，第271页；并见谷应泰《明史纪事本末》卷75《中原群盗》，中华书局，1977年，第1294页。

这时去南京，出入秦楼楚馆，与名妓顾媚约为婚姻。顾媚，又名眉，字眉生，一字眉庄、横波，万历四十七年十一月初三日（1619 年 12 月 8 日）生，康熙二年七月十五日（1663 年 8 月 17 日）卒[①]。她是崇祯年间秦淮名妓，通文史，善诗词，工度曲，擅画兰。崇祯十年（1637 年）冬，他和名妓李香、王月等丹青妙手，应邀参加扬州名士郑元

① 孟森《横波夫人考》（《心史丛刊二集》）称："何以知横波之殁在康熙三年甲辰也？《定山堂集》壬寅迄丙午稿《送李素臣归八宝，时南宫已隽复失，兼值悼亡，聊志同病之感一律》；康熙自壬寅至丙午，惟甲辰年有会试，送李下第而兼悼亡，称己'同病'，必龚之悼亡，亦在其时。《东华录》康熙三年四月丙戌，赐严我斯等一百九十九人进士及第出身有差，则南宫下第之信，自在春夏之交。但送李诗未必逼近榜后。据后录诗，横波忌辰礼忏乃在中元，虽不必正为七月十五，要当在秋初也。"董迁《龚芝麓年谱》（《中和》月刊 3 卷 2 期，1942 年 2 月），定康熙二年癸卯"秋七月顾夫人卒于京邸"，引阎尔梅于康熙五年所作《桃花城挽词》第四首，自注"眉以七月十五日终，今七月十五日恰已三年"。原诗见阎尔梅《阎古古全集》卷 3《白耷山人诗》《南直隶集》《桃花城挽辞（十首）》，注文作"眉以七月十五日终，至今七月十五恰二年"。董说是。因为自康熙二年七月十五日至五年七月十五日，恐怕没有说成恰三年的。此外，孟说"送李诗未必逼近榜后"也是没有根据的。为什么一定要在七月十五日后而不能逼近榜后呢？无非是为定顾媚康熙三年死寻找根据而已。实际上，榜后送别落第者，此时顾媚死不满周年，正值悼亡之期，这样考虑更合情理。

勋招致各地画师在南京结成的兰社。兰社约期大集，社友展示自己的佳作，供观摩评骘；这是明末画坛上的盛会。崇祯十三年（1640 年）正月，龚鼎孳与顾媚在她的画像上题诗定情。鼎孳题诗道："腰妒杨枝发妒云，断魂莺语夜深闻。秦楼应被东风误，未遣罗敷嫁使君。"顾媚诗道："识尽飘零苦，而今始得家。灯煤知妾喜，特著两头花。"①

崇祯十四年（1641 年）秋，鼎孳大计卓异，行取入京。崇祯十五年（1642 年）春，他以兵科给事中受命察理畿南广平（府治在今河北永年城关）等处，遍历州县，详览形势，规划治理。约年底他复命回朝。崇祯十六年（1643 年），他娶顾媚为妾。顾媚婚后改姓徐，字智珠，鼎孳称她为"善持君"。鼎孳在朝，青年居言路，喜欢标榜风宪。当时，大学士周延儒与吴甡不和，吴甡"尚声气"②，鼎孳和给事中曹良直便都依附吴甡。"鼎孳日趋吴辅甡门"，自称侍甡"率以为常"③。两人"皆险刻"，有阁臣作后台，更"日事罗织"，"每遇早朝，则自大僚以至台谏，咸啧啧附耳，或曰曹纠某某，或曰龚纠某某，皆畏

① 陆以湉：《冷庐杂识》卷 7《顾横波小像》，中华书局，1984 年，第 386 页。
② 李清：《三垣笔记》中《崇祯》，第 52 页。
③ 李清：《三垣笔记》中《崇祯》，第 53 页。

之如虎”[1]。鼎孳在兵科十月，先后着重弹劾了首辅周延儒、陈演等人。延儒被劾罢，“奉旨放归”。“又延儒行时，鼎孳远送，伛偻舆前，其叵测又如此”[2]。以后，鼎孳又上《政本关系安危，已误不容再误疏》，力劾原大学士王应熊结纳延儒，营求再召，政本重地，居然私相援引，阻止了应熊东山再起。但是，十月初七日，他却“以参论故辅陈演庇贪误国一疏，冒昧无当”[3]，被捕下狱。崇祯十七年（1644 年）二月，他经陈演援救获释。

李自成占北京后，龚鼎孳投降，被授为直指使[4]，巡视北城。当时，诸降臣攀龙附凤心切，曾向李自成上传

① 李清：《三垣笔记》中《崇祯》，第 53、54 页。

② 李清：《三垣笔记》中《崇祯》，第 66、67 页。

③ 龚鼎孳：《龚端毅公奏疏》附卷《衰病残躯不能供职谨补牍陈情乞恩允放启》。

④ 钱邦芑：《甲申忠佞纪事》。钱馹《甲申传信录》卷 5《直指使》、计六奇《明季北略》卷 22《从逆诸臣·龚鼎孳》《清史稿》卷 484《龚鼎孳传》同。然文秉《烈皇小识》卷 8、彭孙贻《流寇志》卷 11 等都说任庶吉士。从冯铨在多尔衮面前骂龚鼎孳为“逆贼御史”看，自以直指使为是。

为周钟（介生）所撰的《劝进表》[①]。其中有“存杞存宋”一句，建议以保存小国祭祀的办法处理明室问题。龚鼎孳津津乐道地对人说：“此语出吾手，周介生想不到此。”[②]然而李自成起义失败后，他又把顾媚做盾牌，解释说：“我原欲死，奈小妾不肯何？”[③]后来弘光朝廷缺席判处他“首先降附，宜斩”[④]。

顺治元年（1644年）五月，多尔衮进占北京，龚鼎孳又降。他先以故明原官任兵科给事中，接着升吏科右给事中，后升礼科都给事中。他曾上《条上江北善后事宜疏》等疏，提出“抚绥百姓”“蠲免征徭”“消弭民害”等建议，针对旗兵抢掠大害，要求“凡驻师处所，务宜申明

① 清初这种传说很盛。但赵士锦《甲申纪事》（中华书局，1959年）、古藏室史臣《弘光实录钞》（《中国历史研究资料丛书本》，上海书店，1982年）等别有异说。赵断言：“贼中劝进者，皆宗敏、金星、宋企郊等，未闻有钟撰《劝进表》之事也。弘光时，讹传钟撰《劝进表》，有‘比尧舜而多武功，较汤武而无惭德’等语。予南下时，见闯贼自张告示于各府州县，果有此二语，而议者乃以为钟之所撰，毋乃冤乎？”（第19页）古藏室史臣且进一步找出了造谣者，说周钟“大逆之尤”的各种说法，“则为其乡人徐时霖所造”，他还分析了徐时霖蓄谋污蔑周钟的原因（第199—201页）。录此备考。

② 计六奇：《明季北略》卷22《从逆诸臣·周钟》，第606页。

③ 计六奇：《明季北略》卷22《从逆诸臣·龚鼎孳》，第631页。

④ 彭孙贻：《流寇志》卷13，浙江人民出版社，1983年，第215页。

纪律，草木无惊，禁抢掠，平贸易”[①]。

顺治二年（1645年）七月，清廷发生大学士冯铨被劾案。冯铨是前明阉党要人，而弹劾者是同明东林党、复社有牵连的南方汉官及其追随者。这是明末党争在清廷的明显反映。八月，多尔衮集科、道官质讯。龚鼎孳持南方汉官立场，“斥铨阉党，为忠贤义儿”。冯铨反嘲道：“何如逆贼御史？”“鼎孳以魏征归顺太宗自解”。多尔衮很反感，笑道：“惟无瑕者可以戮人。奈何以闯贼拟太宗！”[②]九月，鼎孳迁太常寺少卿，调离言路。从此，在多尔衮整个摄政期间，他在政治上再没有起色。

顺治三年（1646年）六月，他“丁父忧，请赐恤典”。工科给事中孙珀龄严厉弹劾他“饮酒醉歌，俳优角逐。前在江南用千金置妓名顾眉生，恋恋难割，多为奇宝异珍以悦其心，淫纵之状，哄笑长安，已置其父母妻孥于度外。及闻父讣，而歌饮留连，依然如故，亏行灭伦，独冀邀非分之典，夸耀乡里，欲大肆其武断把持之焰”[③]。疏上，

① 龚鼎孳：《龚端毅公奏疏》卷1，《条上江北善后事宜疏》。

② 《清史稿》卷484《龚鼎孳传》，中华书局，1977年，第44册第13325页。

③ 《清史列传》卷79《贰臣传》乙《龚鼎孳》。按孙珀龄原作孙昌龄，检《清世祖实录》（卷26，第12页）、《明清进士题名碑录索引》（上册第555页），知昌字误。

部议降二级调用。因遇恩诏免，九月，他仍补原官。

鼎孳夫妇是在名挂弹章时归里的，心情悒怏绝望可以想见。因此，以后几年他一直借守制滞留江南。除里居外，他还去南京、镇江、苏州、扬州、杭州等胜地游宴，同顾梦游、邓汉仪、陈维崧、纪映钟、杜浚、姜埰、曹溶、吴绮、余怀、冒襄等文人墨客作诗酒之会，虽在服丧期间，也不废妙舞清歌。这时，顾媚结婚已多年，“百计求嗣而卒无子，甚至雕异香木为男，四肢俱动，锦绷绣褓，雇乳母开怀哺之。保母褰襟作便溺状。内外通称小相公。龚亦不禁也”。这些行为颇招物议，龚鼎孳夫妇当时寓居西子湖畔，至被“杭人目为‘人妖’”[①]。

步入中年后，他似乎想做个“清流”，一洗恶名。顺治八年（1651 年）夏，他回京以原官供职。后来，他因文思敏捷、才情闳肆得到皇帝赏识。据说，顺治曾赞赏道：“龚某下笔千言，如兔起鹘落，不假思索，真当今才子也。”[②] 顺治十年（1653 年）四月，他升刑部右侍郎。他奏定刑部事宜，归纳为“折狱贵乎得情”等七事，针对重满轻汉的政治倾向，委婉地强调：“是何满司官之独劳而汉司官之独逸也？请自今以后一切狱讼必先从满、汉司

① 余怀：《板桥杂记》卷中《丽品》。
② 郑方坤：《三十二芙蓉斋诗钞小传》，闵尔昌辑《碑传集补》卷 44。

官公同质讯。”[1]顺治十一年（1654年）二月，他改户部左侍郎。五月，他晋升都察院左都御史。这期间他比较敢言，上疏反对投充，反对缉逃中诬告索诈之害等。

因此，他在仕途上不免再遭挫折。顺治十二年（1655年）十月，他在都察院对法司审拟各案“往往倡为另议，若事系满洲则同满议，附会重律，事涉汉人则多出两议，曲引宽条”，在执法中偏向汉人，“不思尽心报国”[2]。他被降八级调用。十一月，又因他荐举并经都察院考准的顺天巡按顾仁以贪污伏法，他被再降三级调用。顺治十三年（1656年）四月，他被贬为上林苑蕃育署丞。顺治十五年（1658年），“复屡谪至国子监助教”[3]。顺治十八年（1661年）二月，因丁继母忧，他奉诏在任守制。

经过中年的浮沉，他更加老练圆滑，在奏疏中不再提出政治上尖锐的问题。因此，他晚年一帆风顺。康熙二年（1663年）六月，服阕，他又补左都御史。此后，他连续迁转，次年十一月改刑部尚书，康熙五年（1666年）九月迁兵部尚书，康熙八年（1669年）五月转礼部尚书，并在康熙九年（1670年）、十二年（1673年）两任会试主考官。但他对刑狱仍持慎重态度，“有毫发疑，必推驳至

① 龚鼎孳：《龚端毅公奏疏》卷2，《遵谕陈言疏》。
② 龚鼎孳：《龚端毅公奏疏》卷3，《明白回话疏》。
③ 龚鼎孳：《龚端毅公奏疏》卷4，《请赐罢黜疏》。

尽”[1]。另外，对选拔人才他也很关心，“两典会试，汲引英隽如不及”[2]。

龚鼎孳好声色，即使在逆境中，仍爱铺张、豪侈。顺治十三年他被贬为苑丞后，次年十一月初三日，他在南京为顾媚祝寿，邀人串演《王母瑶池宴》，宴请文人和顾媚旧时同行妓女数十百人，平时宾朋游宴不断。艺人王紫稼、柳敬亭等游京师，也去投靠他。

他广泛结交文士，很多遗民得到过他的帮助。易堂九子之一的曾灿，“从遭外侮，得公始解”[3]。遗民“傅山、

① 王晫：《今世说》卷2《政事》，古典文学出版社，1957年，第22页。

② 《清史稿》卷484《龚鼎孳》，第44册第13325页。

③ 曾灿：《曾青藜诗文集》（《六松堂诗文集》）卷6《七言律》，《奉呈大司寇龚芝麓年伯赐假归里·其三》自注。

阎尔梅陷狱，皆赖其力得免”[1]。许多人依靠他资助生活、料理后事。遗民诗人杜浚经常在饥饿线上挣扎，他不时给以救济。杜濬把他看作滋润旱苗的时“雨”，称为“知己龚先生”[2]。杜濬一女许字太仓叶桐初，因贫不能婚娶。鼎孳先赠银三十两为合卺费，后来又亲自托人主持把事办

① 《清史稿》卷 484《龚鼎孳》，第 44 册第 13325 页。案：世传阎尔梅被祸，顾媚匿之侧室或复壁得免。张相文《白耷山人年谱》（中），已断言其非，云“此则无稽甚矣”（丙午永历二十年条）。但未举证。实际上，尔梅于康熙二年为仇家所攀，康熙三年曾亡命至昌平州，随出宣府去山西，康熙四年十二月潜入京师，匿居寺庙僧舍，曾乞援于鼎孳，经龚鼎孳题疏得免，此时顾媚已前死，根本不可能隐藏在她的复壁或侧室中。这有阎尔梅的诗为证。尔梅《读龚孝升九日见怀诗有感（有序）》，序云：“入都闻孝升晋大司寇，哭儿云：‘吾家大祸非此公不解，且刑部正其职掌。’即投刺往谒。公骇然……盖尔时尚未敢明言余之入都也。感而志之。”诗云：“僧窗纸碎朔风侵，夜苦更长昼苦阴。忍辱曷堪迟岁月，逃禅犹恐累山林。同乡连坐人何罪？烈妇无言我愧心。闻道尚书仍念旧，欢场悽咽有微吟。”（《阎古古全集》卷 4，《白耷山人诗》，《七言律 · 北直隶集》）隐藏名在捕籍的罪犯是要杀头的。产生顾媚隐藏阎的讹言，恐怕是过高估计了他们夫妇俩。

② 杜濬：《变雅堂遗集》卷 9《七言绝句》，《今年贫口号（二十四首）》之十四。

妥[1]。遗民王"子云亡后，龚大司马寄书币至"[2]，进行吊唁。"朱彝尊、陈维崧游京师，贫甚，资给之"[3]。他"又真能爱才，有以诗文见者，必欲使其名流布于时，又因其才品之高下而次第之"[4]。所以他曾有很大影响。"康熙初，士人挟诗文游京师，必谒龚端毅（鼎孳）公。"[5]"士之归

① 夏荃：《梓里旧闻》卷7《柳敬亭》，录邓汉仪《慎墨堂笔记》。案：叶桐初之名，自尤侗《艮斋倦稿》卷9《壬申杂文》，《序·惜树词序》检得。

② 顾景星：《白茅堂集》卷14《戊申（康熙七年）》，《和澹岩哭王子云韵》。

③《清史稿》卷484《龚鼎孳》，第44册第13325页。

④ 沈德潜：《清诗别裁集》卷1《龚鼎孳》。

⑤ 王士禛：《香祖笔记》卷8，上海古籍出版社，1982年，第150页。

往者遍宇内。”[①]他临死时还把诗人徐釚托给梁清标，怀着深情说：“负才如虹亭，可使之不成名耶？”[②]

十二年（1673年）九月，龚鼎孳被允准休致。病逝后，清廷予祭葬，谥端毅。乾隆三十四年（1769年），诏

① 沈德潜：《清诗别裁集》卷1《龚鼎孳》。案：一些前明遗民、清朝士人往往对龚鼎孳政治上的变节持谅解甚至辩解态度。如阎尔梅就龚投降李自成一事写道：“有怀安用深相愧，无路何妨各自行。元直曾云方寸乱，子长终为故人明。”自注说：“京师破时，孝升二亲具庆，故第五句及之。”（《阎古古全集》卷4《白耷山人诗》，《七言律·南直隶集》，《答龚孝升五首（时自都门南下以诗投我）》）这所谓第五句就是“元直曾云方寸乱”一句。这一句是说，就像徐庶（元直）为老母可以不顾尽忠汉室（刘备），而去投奔曹操一样，鼎孳双亲俱在，也可以为了留下自己尽孝而不顾尽忠殉节，去投降农民军。而尔梅自己，也扮演了一次为李陵投降匈奴辩护的司马迁（子长），替鼎孳的行为剖明了心迹，作出了解释。计六奇也认为，对鼎孳等人的“不死”，“君子犹当谅其志焉”（《明季北略》卷22《从逆诸臣·魏学濂》，第611页）。而顾景星，更称鼎孳为“感恩知己”，誉为“人伦鉴”，对鼎孳“存没感恩”（《白茅堂集》卷6《丁亥（顺治四年）》，《存没感恩诗（有序）》）。关于鼎孳的投降行为，景星也根据鼎孳自己的解释作过辩护，并且还拉出方以智作证，说方以智“言与（龚）公（鼎孳）合”（《白茅堂集》卷13《乙巳（康熙四年）》，《和龚公忆方密之诗（有序）》）。孟森不察，认为顾景星写诗“讽刺”过龚鼎孳，实在是误会（参见孟森《心史丛刊二集·横波夫人考》）。

②《清史稿》卷484《龚鼎孳》，第44册第13325页。

《清代人物传稿》书影

夺其谥。

龚鼎孳著作颇富，除《蝶嗜集》等已佚外，还有《山声堂集偶存》（又题《浠川政谱》）、《龚端毅公奏疏》八卷、《定山堂文集》六卷、《定山堂小品文》二卷、《定山堂诗集》四十三卷[①]、《定山堂诗余》四卷。他的诗词多宴饮酬酢之作，这是他的生活内容和态度的反映。但也有少数篇什多少表现了他对民生的关注，如："万方惟正供，悉索亦以疲。新饷五百万，剜肉疗饥羸。国计在本根，毛附先存皮。民困必失所，拯溺焉能违？"[②]"荒村哀哀寡妇哭，山田瘦尽无耕农。男逃女窜迫兵火，千墟万落仓箱空。"[③]他的七绝清新、秀美。有一首梅花诗道："天涯疏影伴黄昏，玉笛高楼自掩门。梦转乍惊身是客，一船寒月

① 顾景星说，鼎孳"使粤""有《过岭集》"（《自茅堂集》卷13乙巳（康熙四年），《正月十四日海虞旅次怀合肥公（一百韵）》）。《过岭集》今未见，疑后编入《定山堂诗集》卷11等卷《五言律诗》、卷25等卷《七言律诗》，都注明"顺治丙申使粤迄康熙辛丑邸舍稿"。

② 龚鼎孳：《定山堂诗集》卷2，顺治癸巳仲春迄康熙壬寅以后稿，《五言古诗》2，《辛丑十二月十九日恭诵诏谕尽蠲新加练饷感恩纪事因赋蠲租行二首追同元次山春陵行韵（因柏乡中丞之请也）》。当然，本诗主旨是颂圣的。

③ 沈德潜编：《清诗别裁集》卷1《龚鼎孳》，《岁暮行（用少陵韵）》。龚鼎孳：《定山堂诗集》卷4，顺治癸巳仲春迄康熙壬寅以后稿，《七言古诗》2《岁暮行（用少陵韵）》字句逊色，作"荒村叶落寡妇泣，……十年不见旌旗空"。

到江村。”[①] 一首题为《上巳将过金陵》的诗道：“倚槛春愁玉树飘，空江铁锁野烟销。兴怀何限兰亭感，流水青山送六朝。”[②] 龚鼎孳文章颇多佳作。即令柬、帖之类，也写得情见乎辞，自是作文高手。

原刊《清代人物传稿》上编第4卷，中华书局，1987年

① 龚鼎孳：《定山堂诗集》卷39，《七言绝句》4《百嘉村见梅花·其三》。
② 龚鼎孳：《定山堂诗集》卷39，《上巳将过金陵·其二》。

明珠

明珠，字端范，纳喇氏（或译纳兰氏、纳腊氏、那拉氏），满洲正黄旗人，生于后金天聪九年（1635 年），卒于清康熙四十七年四月十五日（1708 年 6 月 3 日），康熙前期权臣。

明珠系出叶赫部。曾祖仰家奴、祖金台什（或译锦台什）都是强悍的叶赫贝勒。努尔哈赤灭叶赫部时，金台什二子德勒格尔、尼雅哈（或译倪迓韩）投降。尼雅哈任佐领，屡从征有功，入关后获骑都尉世职。顺治三年（1646 年），尼雅哈死，长子振库袭世职。明珠是尼雅哈次子。

顺治中，明珠被选充侍卫，后升銮仪卫治仪正。康熙继位，撤销内监十三衙门，恢复和重建内务府。明珠迁内务府郎中[1]。当时内务府一面要承应宫廷事务，一面还要进行自身机构的改造、设置。明珠显然在郎中任上表现出才干。康熙三年（1664 年），他擢升总管。

后来，他改内院侍读学士。品级降低了，但从皇室大管家转向了朝政中枢机构。康熙五年（1666 年）四月，他迁内弘文院学士。次年九月，又兼充纂修《世祖实录》副总裁[2]。康熙七年（1668 年）六月，黄、淮、运诸河骤涨，波涛滚滚，江苏兴化等处环城水高二丈，城门遭到堵塞，黄、淮二河多处决堤，灾情惨重。明珠偕工部尚书玛尔赛等阅视淮、扬河工，定议在兴化白驹场添设河厅一员，“相视海口，开天妃、石础、白驹等闸，毁白驹奸民

① 李桓辑：《国朝耆献类征初编》卷 9《宰辅》9《明珠》录国史馆本传，称明珠“由侍卫授銮仪卫治仪正，迁内务府郎中”，不著年代。考清廷于顺治十年（1653 年）六月废内务府，设内监十三衙门（参《清世祖实录》卷 76，中华书局影印本《清实录》第 3 册第 602 页），当时明珠年方十九，显非在此以前已仕至内务府郎中之年。满蒙贵介子弟除袭世爵世职者外，常选充侍卫。明珠此时无疑正选充侍卫。其供职内务府应在康熙重建内务府后。

②《清圣祖实录》卷 24，《清实录》第 4 册第 328 页。但查《清世祖实录》卷首，监修总裁、大学士巴泰上表，康熙十一年五月二十日，《世祖实录》“奉表随进”，修纂官名单副总裁列折尔肯等十人，无明珠。

闭闸碑”[①]，增凿黄河北岸引河备蓄泄。九月，他迁刑部尚书。八年（1669 年）六月他奉旨至福建，与耿继茂等主持对郑经的和议。七月，因刑部事务殷繁，必得才猷练达者才能胜任，他又被解职，以原品候补。九月，明珠改任都察院左都御史。十年（1671 年）二月，他兼充经筵讲官，曾与讲官王熙一起进讲《书经》。八月，他上疏停止巡盐御史遍历州县之例；这是他在都察院进行的主要变革。十一月，他迁兵部尚书。

在这段时间里，明珠在仕途上比较顺利。在改任兵部尚书后，他与皇帝更加接近，经常随侍左右或扈驾巡察，参预机密，传达谕旨。许多不属兵部的事务，康熙也让他去做，如命他敕谕原山西临川知县孙一桂[②]、参加就历法问题“会议南怀仁、杨燝南互相参告之事”。康熙还经常把自己的行踪和活动告诉他，有时只单独告知他一人[③]。十二年（1673 年）八月，他又兼充纂修《太宗实录》总裁。当时君臣亲信在逐渐明显地加深。

① 卫哲治等：乾隆《淮安府志》卷 6《河防·运河》。参姚文田等嘉庆《扬州府志》卷 10《河渠志》2。
② 《康熙起居注》，中华书局，1984 年，第 1 册，第 23 页。但山西无临川县，显系起居注官笔误。或应为江西临川，或山西临汾、山西临晋、山西临县，检数种方志未获。
③ 本段具体事例可参《康熙起居注》，第 1 册，第 23、24—25、51、87、102、104 等页。

至于本部事务，明珠完成得也比较出色。十二年正月，驾幸南苑，在晾鹰台检阅八旗甲兵。“明珠先期布条教，俾众演习。及期，军容整肃”[①]，队列齐整，骑射娴熟，纪律严明。康熙非常满意，敕谕明珠永著为令。七月，当议政王大臣会议撤藩问题时，明珠表现出胆略和识见，与户部尚书米思翰、刑部尚书莫洛等一起，不顾“诸大臣皆默然”的明哲保身的态度[②]，反对认为不可撤之类妥协退让意见，力主撤藩。后来议政王大臣以两议启请上裁。诏从明珠等议。三桂等反叛后，局势岌岌可危。保和殿大学士索额图等归罪主撤诸臣激变，请求诛戮。明珠等主撤诸人却更得康熙信任。

在平定三藩之乱的战争过程中，明珠辅佐康熙运筹决胜。他经常参加议政王大臣会议，议论军情，制定应变方略。康熙十三年（1674年）十月初，议政王大臣会议曾根据安徽巡抚靳辅的意见，讨论在安庆、池州等沿江军事要地紧急设防，以应付叛军在江西的进攻等问题[③]。这一

① 李桓辑：《国朝耆献类征初编》卷9《宰辅》9《明珠传》录国史馆本传。

② 《清史稿》卷269《明珠传》，中华书局标点本，第33册第9992页。并参《清圣祖实录》卷43，《清实录》第4册第569—570页。

③ 《议政王等议安徽巡抚靳辅疏之题本（清康熙十三年十月初三日）》，《文献丛编增刊》（清三藩史料二），第106页。

部署对巩固江防，进一步动摇和瓦解吴三桂北上斗志，使吴三桂更加迷恋于划江而治的保守战略起了重要的作用。三藩之乱头两年，正值明珠担任兵部尚书期间，对清廷说来那是战争最艰危的两年。明珠全身心投入工作，频繁地参加兵部会议或户、兵二部联席会议，议定迫切的军事调遣、委任、供应等问题。仅据部分收入方略馆的档案极不完全的统计，在十三年十一、十二两个月内，将这类会议结果上报的题本就达三十五件[①]。明珠为战争的胜利耗费了很多的心血。

康熙十四年（1675 年）十月，他改吏部尚书。十六年（1677 年）七月，又擢武英殿大学士。明珠入阁，从他的资格、功绩、才能说固然顺理成章，但主要仍反映出康熙一种微妙的政治作用。当时，索额图仍任保和殿大学士。索额图已连续在内院、内阁供职八年，作风专横，任久权重。明珠入阁实际上是康熙用以牵制索额图的措施。此后，他果然因与索额图权势相侔，又有宿怨，很快就各自结党，互相倾轧。索额图是皇太子胤礽的叔外祖父，感情上亲近并“善事皇太子，而明珠反之，朝士有侍皇太子者，皆阴斥去”。索额图出身豪门贵戚，性情倨傲，“有不

① 据《文献丛编增刊》（清三藩史料二）、《文献丛编增刊》（清三藩史料三）统计。

附己者显斥之，于朝士独亲李光地”[1]。后李光地等为皇太子师，大约也是索额图的影响所致。李光地也抑制明珠党羽徐乾学等过快进用，明珠则阻挠李光地外用为江宁巡抚要职。康熙十九年（1680年）八月，索额图因病解大学士职，仍于内大臣处上朝，接着又授议政大臣。他们的斗争因而并没有完全结束。

三藩之乱荡平后，康熙不忘功臣，多次提到明珠等力主撤藩。康熙“宣谕廷臣，以前议撤藩，惟明珠与米思翰、莫洛等为能称旨”[2]。又说：“朕以三藩俱握兵柄，深恐日久滋蔓，酿成不测，故决意撤回……忆尔时惟有莫洛、米思汉、明珠、苏拜、塞克德等言应迁移，其余并未明言迁移吴三桂必致反叛。”[3]皇帝的信任和肯定评价，构成明珠权力的基础。

在内阁任上，特别是在索额图去职后，明珠在政治上、尤其在人事上拥有很大发言权。

作为大学士，康熙在任命或处理文武大臣时，经常征询他的意见。康熙二十年（1681年）十一月，吏部为补授翰林院掌院学士，开列候补学士陈廷敬、侍读学士蒋弘

①《清史稿》卷269《明珠传》，第33册第9993页。
②李桓辑：《国朝耆献类征初编》卷之9《宰辅》9《明珠传》录国史馆本传。
③《康熙起居注》，第1册第791、792页。

道等请旨。康熙在听取明珠所说陈廷敬极其醇厚，且原系掌院学士的意见后，立即决定任命陈廷敬。十二月，吏部为题补两广总督员缺，开列满汉官员职名请旨。明珠以满汉公议为名，推举福建巡抚吴兴祚效力征讨，且熟谙海务，似应补授两广总督，也得到康熙首肯。在议定这类题补官员职缺事务时，明珠经常不顾吏部开列的名单，另按自己意见推举人员，大多为康熙所采纳。这类事例指不胜屈。当康熙二十一年（1682 年）正月清廷将凌迟耿精忠等人犯时，康熙听从明珠关于"春止虽不用刑，但此辈罪恶甚大，与寻常不同，应于两、三日内完结"的建议，加速处决。康熙又问："贼党官员内尚有可矜者否？"明珠答道："此内有陈梦雷、金镜、田起蛟、李学诗四人，犯罪固应处死，然于应死之中，尚有可宥之处。""其陈梦雷等四人俱系微末小人，并不曾为首，免其处死，给与披甲新满洲为奴。"康熙同意"着即照此完结"[①]。明珠寥寥数语给陈梦雷这样的学者开了更生之路。

明珠推举和支持的官员，许多人能够胜任尽职。河道总督靳辅一直在明珠的有力支持下修治黄淮，整顿河务。

① 本段事例参《康熙起居注》，第 1 册第 801—802 页，又第 2 册第 812、813 页。并参《清圣祖实录》卷 100，《清实录》第 5 册第 6—7 页。

靳辅治河七年，使黄淮尽复故道，河务整顿一新[1]。在康熙夙夜营筹的三藩、河务、漕运三大事中，当三藩问题解决后，河务、漕运问题都因此得到明显的改善。

在人事上，随着满族接受儒学进程加速，满汉界限已不似入关初期那样突出，康熙又标榜满汉一体，以求缓和民族矛盾；在这种情况下，明珠用人基本上能顺应潮流。但是，他仍然不能完全摆脱满族贵族偏见。二十一年八月，吏部否定了关于盛京知县以上官员应用满洲的建议，明珠面奏请旨，不提倡用贤，却主张“盛京地方满汉并处，似应设满官”[2]，遭到康熙拒绝。

三藩乱平后，明珠辅佐康熙减轻赋税，以苏民困，二十一年九月，当就巡察两淮盐课御史堪泰请求加征盐商每引税银三钱事请旨时，他强烈反对说：“若加至三钱，民何以堪？”当又就山西因灾需要停征钱粮，户部议不准行事请旨时，他又积极支持停征。康熙二十二年（1683年）十一月，户部议不准停征湖南当铺、酒铺增添税银，明珠不仅支持湖南停征，而且认为“天下荡平，所增税银似应停止”[3]。他的这类意见都得到康熙完全赞成。

① 参王永谦：《靳辅治河述论》，《清史论丛》第6辑，中华书局1985年，第192—210页。
② 《康熙起居注》，第2册第852页。
③ 《康熙起居注》，第2册第893、895、1098页。

明珠也常协助康熙处理刑事案件。案件一经钦定，多成为律例，用作参照处理其他类似案件的法律依据，因此具有至关重要的意义。明珠在这方面极力维护官僚、贵族的利益。二十一年六月，大学士等就主事孟安打死家婢罚俸一年事请旨，明珠强调这样处理符合定例。康熙指出打死奴仆、恣行杀害人命的事很多，令人惨伤，因而认为初定处分之例过轻，发刑部再议。二十二年四月，刑部就班布礼妻扑责家人二汉，二汉回手，拟立斩事具题请旨。康熙认为，旗下仆婢往往轻生，必因家主责打过严，难以度日，情极势迫使然，因问“应如何教诫，可禁绝此风？”明珠却尽量美化旗下主奴关系，强调“迩来此风较前差息”，至强迫殉葬，“今亦罕闻”。八月，大学士等就原侍郎吴努春打死平民，法应处死事请旨。明珠又乘机为凶手辩护，引打死雇工人止杖罪律，说被害者虽系平民，但依吴努春家衣食为生，与雇工人无异[①]。

康熙二十一年秋起，解决台湾与大陆统一问题时机逐渐成熟。八月初四日，廷议福建水师提督施琅题请独自率师进取台湾，明珠并无积极赞画，反怀疑虑，说：“催令进兵，于事有益与否，未可知。”[②]后来，康熙态度坚决，局势明朗，他在施琅进军、设官守御、郑克塽议叙等问题

①《康熙起居注》，第2册第861、992、1040页，参第1080页。
②《康熙起居注》，第2册第876页。

上的态度才变得正确、坚定起来。

明珠多次以阁臣兼编纂重要史书、政书的职衔。康熙二十一年六月，他兼《明史》监修总裁官。十月，清廷重修《太祖实录》，并纂修太祖、太宗、世祖《圣训》，纂修《平定三逆方略》，他兼总裁。十一月，《太宗实录》成，他以总裁加太子太傅。康熙二十五年（1686年）三月，他又兼《一统志》总裁。四月，《太祖实录》成，他晋太子太师。此后，他还曾连晋太保、太傅[①]。

权力给明珠带来“权威”。清代内阁本无重权，又没有首辅与一般阁臣之分，但明珠以其权威俨然首辅。“凡阁中票拟，皆由明珠指麾，轻重任意。余国柱承其风旨，即有舛错，同官莫敢驳正。”当他面奉谕旨称某官贤能时，他就市恩说：“由我力荐。”当谕旨指责某官不善时，他又说：“上意不喜，吾当从容挽救。”这就使官员们感到总得依靠他。他又根据需要任意增减面谕的内容，以进一步控

① 充《明史》监修总裁至晋太子太师，见《清圣祖实录》卷103（《清实录》第5册第39页）、卷105（第5册第69页）、卷106（第5册第74页）、卷125（第5册第324、332页）。但明珠最后曾晋至太傅，昭梿《啸亭杂录》（中华书局，1980年）屡称明珠为太傅可证（第448、456、522页）。李伯元《南亭笔记》卷1记明珠事虽有严重失误，亦称“纳兰明珠为太傅”，可证。晋太傅前，应曾晋太保。此二次晋衔在《实录》及本传中皆无具体记录。

制官员。于是，在若干年内，明珠在臣僚中占据了政治上的一个中心位置。当他“每日启奏毕，出中左门，满汉部院诸臣及其腹心拱立以待者密语移时”，向他摸底细，察动向[①]。

明珠精明强干。为网罗党羽，他力“务谦和，轻财好施，以招来新进，异己者以阴谋陷之”[②]，“见人辄用柔颜甘语，百般款曲，而阴行鸷害，意毒谋险”[③]。由于他的援引，佛伦、余国柱、蔡毓荣、张汧等不少人迅速升迁，担任督抚以至部院阁一类高官。他见侍讲德格勒为皇帝信任，就乘德格勒一次扈驾巡行之机，“使人累千金为装”[④]，加以拉拢。

他力图削弱皇太子、索额图之党，常借这个名义倾陷异己。他与著名理学家、江宁巡抚汤斌有严重矛盾[⑤]。康熙二十五年（1686年）三月，他怂恿将汤斌内召，并

① 郭琇：《纠大臣疏》，周翕鐄等同治《即墨县志》卷10《艺文·文类》上。参李桓辑《国朝耆献类征初编》卷9《宰辅》9《明珠传》录国史馆本传。

② 《清史稿》卷269《明珠》。

③ 郭琇：《纠大臣疏》，同治《即墨县志》卷10。参李桓辑《国朝耆献类征初编》卷9。

④ 陈康祺：《郎潜纪闻二笔》卷4《德格勒奏劾明珠》，中华书局，1984年，下册第393页。

⑤ 参《清史稿》卷265《汤斌传》，第33册第9932—9933页。易宗夔：《新世说》卷3《方正》第5、卷8《谗险》第32。

荐任礼部尚书管詹事府事，辅导皇太子。次年（1687 年）五月，因康熙对灵台郎董汉臣在应诏陈言时说的“谕教元良，慎简宰执”感到愤慨，大学士余国柱就借口汤斌“当九卿会议时有惭对董汉臣之语”，讦告董汉臣陈言是受汤斌指使，引起康熙对汤斌的怀疑，反复传旨诘问，并加严饬[①]。明珠怕言官揭发自己，对他们也很忌刻，因见御史李时谦屡奏称旨，御史吴震方颇有参劾，就指使左都御史佛伦借事排陷。

他对手下党羽、荐举对象、向自己行贿的官员，尽力加以卵翼。据说，有一布政使坐贪墨获罪，后通过余国杜向他行贿，得以缓解[②]。康熙二十五年十二月，兵部侍郎蔡毓荣因前在云贵总督任上向奉使云南回京的侍卫纳尔泰行贿银九百余两，以及隐匿应没官妇女、财物，徇纵吴三桂叛党诸事败露，诏法司勘鞫。自康熙二十六年（1687

① 蒋良骐：《东华录》卷 14，中华书局，1980 年，第 224—225 页。

② 据《清史稿》卷 265《汤斌传》，“布政使龚其旋坐贪为御史陆陇其所劾，因国柱贿明珠得缓”（第 33 册第 9932 页）。但查钱实甫编《清代职官年表》第 3 册《布政使年表》（中华书局，1980 年）无龚其旋其人。且《清史稿》载此事系为讲述汤斌与明珠矛盾，然斌殁于二十六年，陆陇其任御史已在二十九年（《清史列传》卷 8《大臣画一传档正编》5《陆陇其传》），其间必有舛错。因疑曾有其事，但细节、人物不尽真确，传说中颇有讹误。加“据说”以示尚俟考信。

年）十月起，湖广巡抚张汧与湖北上荆南道祖泽深互相讦告，汧“劾祖荆南事，历数其赃私”，泽深也“讦巡抚阴事”。明珠为毓荣、汧举主，又与高士奇（因感恩而想包庇祖泽深）为共同反对索额图的政治盟友。因此尽管蔡毓荣各罪无不落实，“张汧、祖泽深皆贪吏之尤”[1]，他仍然利用职权，减轻他们的罪责。上谕斥责，他才被迫改正。

明珠性贪墨，“簠簋不饬，货贿山积”[2]。当国之初，因军费浩繁而广辟财源，“入资得官者甚众”[3]，给他提供了索贿良机。康熙十七年（1678年），前江南左布政使法若真起复，拟补河南布政使，但因没有向索额图、明珠等行贿，就遭到压抑而未见用[4]。凡督、抚、藩、臬缺出，余国柱等无不将缺展转出卖，索贿不满欲不止。科、道官有内升出差者，明珠、余国柱都居功要索。康熙二十三年，学道报满之后，应升学道的人都去论价，九卿选择时都根据明珠等预先排定的名单，任意派缺。考核官员也给了他

① 分见《清圣祖实录》卷128，《清实录》第5册第376—377页；汪景祺《读书堂西征随笔·张汧祖泽深之狱》。

② 《清史稿》卷269《明珠传》。

③ 陈康祺：《郎潜纪闻二笔》卷14《营谋荐鸿博科（二则）》，第595页。

④ 参邓之诚《清诗纪事初编》卷6《乙编（八旗山东山西）·法若真》，上海古籍出版社，1984年版，下册第670页。

贿赂的来源，“比大计，外吏辇金于明珠门者不绝”[①]。余国柱是他敛财的得力帮手。他们勾结起来，甚至利用救灾发财。当汤斌任江宁巡抚时，江南曾因灾蠲赋。余国柱就着人传话给汤斌，说江南蠲赋“皆明珠力，江南人宜有以报之”[②]。此外，当明珠声势赫奕、熏燎天下时，巨仆安图倚势贩盐，往来淮南、天津两地。遣仆经商似是他聚敛的又一门道。

明珠的作风对官场和社会风气发生了恶劣影响。诗人法若真就贿卖学差慨叹“大道既沦亡，斯文渐委弃”[③]。花钱买督抚、学道，就从任上赚回来，因此，督抚等官愈事剥削，学道多方取贿，民间重困，文教大坏。

在高度强化的封建君主专制制度下，明珠的主要表现都被康熙洞察，他也逃不脱康熙给他准备好了的克星。康熙九年（1670年），徐乾学进士及第后，逐渐依附明珠、高士奇以求得进用。康熙深知乾学一贯交通声气，能得士望，就收罗以备搏击之用，因而不断给以升迁。二十四年（1685年），康熙命乾学入直南书房以示亲信。二十六年（1687年）九月，乾学擢升左都御史，遇会议会推，常与

① 《清史稿》卷265《汤斌传》，第33册第9932页。
② 《清史稿》卷265《汤斌传》，第33册第9932页。
③ 邓之诚：《清诗纪事初编》卷6《乙编（八旗山东山西）·法若真》，第670页。

明珠亲信佛伦等发生龃龉[1]。乾学过去曾因争夺士望而与余国柱结下深怨，至此势必与明珠分道扬镳，进行一场新的党争。

康熙二十七年（1688 年）二月，在康熙授意下，徐乾学、高士奇嗾使江南道御史郭琇上了著名的震动朝野的《纠大臣疏》。郭琇在疏中“将大学士明珠、余国柱背公营私实迹胪列具陈”共八款，指出“明珠一人，其智足以窥探上旨，其术足以弥缝罪恶，又有余国柱奸谋附和，负恩之罪书之罄竹难尽”[2]。奏入，康熙颁发很长的上谕，指出官员从政应具有的品质和态度，通过剖析蔡毓荣、张汧、靳辅三案情弊，严斥在廷诸臣种种恶劣作风，最后宣布明珠革去大学士，交与领侍卫内大臣酌用，余国柱革职。

不久，明珠仍授内大臣。康熙二十九年（1690 年）六月，抚远大将裕亲王福全统兵征噶尔丹，明珠参赞军务。他也因没有追击噶尔丹败军，使之兔脱，而牵连获罪，降四级留任。三十五年（1696 年）春，康熙御驾亲征噶尔丹，他与左都御史于成龙督运费扬古、孙思克西路军军饷。次年（1697 年）二月，康熙再次御驾亲征，他扈从到宁夏（今宁夏回族自治区银川市），又拨驼运饷，并偕大学

① 参《清史列传》卷 10《大臣画一传档正编》7《徐乾学传》。

② 郭琇：《纠大臣疏》，同治《即墨县志》卷 10。参李桓辑《国朝耆献类征初编》卷之 9《宰辅》9《明珠传》录国史馆本传。

士黄茂赍白银颁赏鄂尔多斯随征兵众①。师还，明珠因叙功复原级。四十三年（1704 年）三月，他与内大臣阿米达、舅舅佟国维等一道监赈山东、直隶河间流入京师就食的饥民。

明珠在大学士落职后，曾说“勋名既不获树立，长持保家之道可也”。于是他大量购置田产，广泛使用奴隶劳动。家里僮仆盈千。他“立主家长司理家务。奴隶有不法者，许主家者立毙杖下”②。为激发奴仆的劳动积极性，促进他们的忠诚，他在物质上待他们比较优厚，“每月优给工资，其年长者偶之以婢，且有指分田产者”③。“按口赒以银米，冬季赐以绵布诸物，使其家给充足，无事外求”。被明府逐出的奴隶，再没有人家愿意收留。他们认为“伊于明府尚不能存，何况他处也”？因此，他的“田产丰盈，日进斗金，子孙历世富豪”④。他由于富豪，生活也穷奢极欲。他曾大兴土木，建一园林。风廊水榭间，全部用白玉凿为花，贴在四壁上。有池宽十亩，每交冬令，就用五彩剪成花、叶，浮在水面上作为荷花，又用各色杂

① 李桓辑：《国朝耆献类征初编》卷之 9《宰辅》9《明珠传》录国史馆本传。但钱实甫编《清代职官年表》第 1 册《大学士年表》无黄茂其人，黄茂或非大学士。
② 昭梿：《啸亭续录》卷 3《明太傅家法》，第 448 页。
③ 李伯元：《南亭笔记》卷 1。
④ 昭梿：《啸亭续录》卷 3《明太傅家法》，第 448 页。

毛做成凫雁。其奢靡可见一斑。

明珠本人知书，又“好书画，凡其居处，无不锦卷牙签充满庭宇。时人有比以邺架者，亦一时之盛也”[①]。除收受贿赂，还有人替他搜罗。巨仆安图因贩盐常出入扬州、天津，“贾贩以书画求售，往往凑集于此。安氏素负精鉴，又力能致之，一时所藏，遂为海内之冠”[②]。安氏所得，显然大部将输入明珠府邸。

明珠夫人和舍里氏为人妒忌、残忍。夫妇二人起自寒微，关系和睦，但夫人从不许明珠与侍婢接近、交谈。一天，明珠偶然说起“某婢眸子甚俊”。次日，夫人让侍者捧一盒到他的面前，“即某婢双目也”。婢父痛愤女儿无辜惨遭挖目，乘夫人独处房中时，突入，以刀刺夫人腹，当场死去。这是康熙年间震惊一时的“奴杀宰相妻”事件[③]。它反映出当时满族社会中尖锐的主奴矛盾，贵族显宦残害奴婢并激起暴烈反抗的斗争真相。

明珠死后，康熙遣皇三子胤祉往奠茶酒，赐马四匹，赐祭葬如例。明珠子三：长性德，另有传；次揆叙（或译

① 昭梿：《啸亭杂录》卷10《索明二相博古》，第325页。
② 缪荃孙：《云自在龛随笔》卷2《书画》，商务印书馆，1958年，第31页。
③ 昭梿：《啸亭续录》卷5《纳兰太傅妻》，第522页。此事使人想起明珠议刑时为什么总是美化旗下主奴关系，维护官僚、贵族的利益。

奎叙），字凯功，康熙三十五年（1696 年）自二等侍卫授翰林院侍读，累擢翰林院掌院学士兼礼部侍郎，迁工部侍郎，五十一年（1712 年）迁左都御史，仍掌翰林院事，五十六年（1717 年）去世，赐谥文端，雍正二年（1724 年）追议交结允禩罪状，夺职削谥，墓碑改镌“不忠不孝阴险柔佞揆叙之墓”[①]；三揆芳（或译奎凤），和硕额驸。

乾隆三十七年（1772 年）十月，上距明珠死已六十余年，上谕就国史馆新纂《明珠传》指出：“确核明珠罪案，只在徇利太深，结交太广，不能恪守官箴，要不至如明代之严嵩、温体仁辈窃弄威福，竟敢阴排异己，潜害忠良，举朝侧目而莫可谁何也！”又说道：“至于明珠生平是非功过，原不相掩。”[②] 清朝最高统治者此时显然已趋向于对明珠作比较冷静、客观的评价。

原刊《清代人物传稿》上编第 6 卷，中华书局，1991 年

① 《清史稿》卷 287《揆叙传》，第 34 册第 10225 页。
② 李桓辑：《国朝耆献类征初编》卷之 9《宰辅》9《明珠传》录国史馆本传。

吴伟业

吴伟业，字骏公，晚号梅村，苏州府太仓州（今江苏太仓）人，生于明万历三十七年五月二十日（1609 年 6 月 21 日），卒于清康熙十年十二月二十四日（1672 年 1 月 23 日）。他是明清之际的著名诗人，也是一位史著和戏剧的作者。他在明末曾任职清要，到清初又屈意应荐出仕，后来对自己的失节贪生悔恨不已，郁郁以死。

他的先世原籍昆山。祖议，字子礼，自幼入赘太仓王氏，迁居太仓。父琨，字禹玉，又字蕴玉，号约斋，秀才。叔、嗣父瑗，字文玉。两代都以布衣终身。

梅村幼年多病，但资质韶秀、颖异。万历四十三年（1615 年），他开始读书。童年和少年时代的学友有吴继善（志衍）、穆云桂（苑先）、吴国杰（纯祜）等人。天启二年（1622 年），同里名士张溥读到他的塾稿，很赏识，延请到家讲论。当时士子们只知围绕科举的需要读书，梅村却独好三史[①]。张溥认为这样学有根柢，赞叹道："文章正印，其在子矣！"张溥对他寄予很大希望，把他收列门墙，"相率为通今博古之学"[②]。四年（1624年），张溥在苏州创立应社，与张采、杨廷枢、杨彝、顾梦麟等共十一人，分主《五经》文字之选。他们各有经注成帙。溥"手抄《注疏大全》等书，规模前贤，欲得其条贯"[③]。他随溥学习，深受教益。崇祯元年（1628年），他入州学为秀才。二年（1629年），张溥联合南北文社为复社，声动朝野。梅村在复社很有文名。

崇祯三年（1630年），梅村中江南乡试举人。四年（1631年）联捷，他在会试中抡元、殿试中登榜眼，授编修。少年新进，"陆机词赋，早年独步江东；苏轼文章，一日喧传天下"[④]。这是梅村一生最快意的事。但这只是一方面。另一方面，当时朝内党争日益激烈。张溥主盟复社，接续东林，热望影响、甚至把持朝政。而梅村为溥门生、同年进士，因此极遭当权的大学士温体仁、太常少卿

① 指《史记》《汉书》《后汉书》。

② 顾湄：《吴先生伟业行状》，钱仪吉辑《碑传集》卷43《翰詹》上之7。

③ 吴伟业：《梅村家藏稿》卷54《文集》32《书·致孚社诸子书》。

④ 陈廷敬：《午亭文编》卷47《墓表·吴梅村先生墓表》。

蔡奕琛等的嫉视[①]。又由于大学士宜兴周延儒在政治上接近复社，并任四年会试主考官，于是“有攻宜兴座主”借梅村“为射的者”，“故榜下即多危疑”[②]。五年（1632 年）春，他幸运地得到崇祯保全，给假归娶。梅村高第联捷，钦赐归娶，“天下荣之”[③]。因此，人们都认为，士子出张溥门下在科举考试中能旗开得胜。这就进一步扩大了张溥及其所主持的复社的影响。

六年（1633 年）春，张溥在苏州虎丘举行复社的大规模集会，以增加号召力。“先期传单四出，至日，山左、江右、晋、楚、闽、浙以舟车至者数千余人。大雄宝殿不能容，生公台、千人石鳞次布席皆满，往来丝织。游人聚观，无不诧叹，以为三百年来未尝有也。”[④]梅村显然参加

① 蔡奕琛，浙江德清人。“崇祯在御，廷臣累荐，起文选，即上破情面戒同和一疏……随由太常转京兆……至秉法廷尉……晋司寇……”（王振孙等：康熙《德清县志》卷 7《人物传》，《名业 · 蔡奕琛》）。但其历任各官具体时间均无考。如任顺天府尹（京兆）时间即失载。但崇祯初年顺天府尹为刘宗周（参张之洞等：光绪《顺天府志》卷 75《官师志》4《顺天府前代守土官表》1）。因疑奕琛尚任太常寺少卿。

② 吴伟业：《梅村家藏稿》卷 57《文集》35《疏 · 与子暻疏》。

③ 陆世仪：《复社纪略》，转引自蒋逸雪《张溥年谱》，齐鲁书社，1982 年，第 27 页。

④ 陆世仪：《复社纪略》，转引自蒋逸雪《张溥年谱》，第 28—29 页。

了他的老师发起的盛会。

崇祯八年（1635 年），梅村入都，补原官，充《实录》纂修官。他虽然荣耀地跨上了仕途，但却不能不纠缠进无穷的党争中。九年（1636 年）秋，他奉命充湖广乡试主考官。十年（1637 年）三月，太仓州监生陆文声经大学士温体仁、刑部右侍郎蔡奕琛授意，讦告张溥、张采“倡立复社，以乱天下”[1]，引起轩然大波。在利害关头，梅村毅然出面，上疏为复社辩解。不久，他同编修杨廷麟、林增志一道被预选为东宫讲读官，备次年二月太子慈烺出阁读书时担任辅导。接着，他上著名的《劾元臣疏》。因为自六月间内阁首辅温体仁致仕后，大学士张至发代温体仁任首辅，“一切守其所为”[2]，甚至连上两疏“盛称体仁之美，一曰孤执，一曰不欺”。梅村在疏中指责体仁“学无经术”“性习险诐”“比暱宵人”“护持悍党”“泄沓偷容”“游移饰诈”，并用事实驳斥孤执不欺之说。他指出，张至发认识不到这一点，则“必因私踵陋，尽袭前人之所为”[3]。此疏配合张溥的政治活动，使温体仁、张至发之党

①《崇祯实录》卷 10《怀宗端皇帝》10，台湾 1967 年影印《明实录附录》1，第 300 页；并见文秉《烈皇小识》卷 5、张岱《石匮书后集》卷第 1《烈帝本纪》（中华书局，1960 年，第 18 页）。
②《明史》卷 253《张至发传》，中华书局标点本，第 21 册第 6534 页。
③ 吴伟业：《梅村家藏稿》卷 57《文集》35，《奏疏·劾元臣疏》。

侧目而视。十一年（1638年），他又与翰林院检讨杨士聪联合劾奏张至发的党羽吏部尚书田唯嘉、太仆少卿史堃，使田唯嘉被黜、史堃逮问，动摇了张至发的地位。梅村连续两疏，为张溥操纵进行的周延儒东山再起的活动起了清扫道路的作用[1]。

崇祯十二年（1639年）夏，梅村升任南京国子监司业。因黄道周疏论大学士杨嗣昌夺情被廷杖，他派遣太学生涂仲吉进京讼冤。崇祯勃然大怒，杖责涂仲吉，严旨追查主使。梅村险遭不测。七月，他衔命至河南禹州（今禹州）封徽王府下延津、孟津两王。十三年（1640年），他晋詹事府中允转谕德。

随后他就守嗣父瑗丧。崇祯十六年（1643年）服除后，他再晋为詹事府庶子。当时，战火漫天，道路艰危，他没有到京供职。

① 史载："……张至发、薛国观相继当国，与杨嗣昌等并以娼嫉称……溥等忧之，说延儒曰'公若再相，易前辙，可重得贤声。'延儒以为然。溥友吴昌时为交关近侍，冯铨复助为谋……十四年二月诏起延儒。"（《明史》卷308《周延儒传》，第26册第7928页）"周延儒之再起也，昌时为通关节"，倪师孟等：乾隆《吴江县志》卷57《杂录》2《旧事》2。参看朱慧深：《吴梅村南湖春雨图》，《艺林丛录》第8编，商务印书馆香港分馆，1973年，第188页。

崇祯十七年（1644 年）约十一月间[①]，弘光登基已半年，梅村才被起用为詹事府少詹事。弘光元年（1645 年）春，他因已任大学士的蔡奕琛寻旧仇，恐遭迫害，又与马士英、阮大铖等人不合，便请假归里。

清军南下，南京失陷，江浙大乱。他短时间避乱后，仍然里居。此后八九年间，他除写作《读史杂感》等诗文外，主要致力于撰著史书和戏曲。据他说："改革后吾闭门不通人物。然虚名在人，每东南有一狱，长虑收者在门。及诗祸、史祸，惴惴莫保。"[②]这并不全是实话。他可能心怀疑惧，但没有这样小心翼翼。友朋相继往来，诗文应酬不绝[③]。顺治初，他还几次参加和主持文社活动。约

① 顾师轼：《梅村先生年谱》卷 2，"二年乙酉三十七岁"条下，称："先生应南京詹事之召甫两月，奕琛夤缘马士英复柄用，修旧隙。"检徐鼒《小腆纪传》（中华书局，1958 年）卷 2 纪第 2《弘光》下，奕琛"入阁办事"在弘光元年（顺治二年）正月癸卯（第 18 页）。因知梅村应召起用在先年（崇祯十七年、顺治元年）十一月。顾师轼撰《年谱》据顾湄《行状》系于弘光元年乙酉，疑误。

② 吴伟业：《梅村家藏稿》卷第 57《文集》35《疏·与子暻疏》。

③ 参见程穆衡原笺、杨学沆补注：《吴梅村诗集笺注》卷 2、卷 3、卷 4、卷 5 有关各诗；顾师轼《梅村先生年谱》卷 2、卷 3、卷 4 有关各年情况。

九年（1652年）春，或在此以前[①]，他携毛甡、尤侗、计东、徐乾学、朱彝尊等"赴十郡大社，连舟数百艘，集于嘉兴之南湖"[②]。弘光十年（1653年）三月初三日，梅村因为力倡十郡大社，又到苏州虎丘参加宋德宜、德宏、实颖为首的慎交社与章在兹为首的同声社的合盟大会。两社联合，"大会于虎丘，奉梅村先生为宗主。梅翁赋《禊饮社集》四首，同人传诵。次日，复有两社合盟之举，山塘画舫鳞集，冠盖如云，亦一时盛举。拔其尤者集半塘寺订盟。四月，复会于鸳湖"[③]。

① 此时间殊难断定。梅村顺治九年三月在嘉兴。"馆嘉兴之万寿宫辑《绥寇纪略》"，顾师轼《梅村先生年谱》卷3"九年壬辰四十四岁"条。三月，临湖写生，作鸳鸯湖《南湖春雨图》，图上题识云："壬辰三月下浣补此图。吴伟业。"（见朱慧深《吴梅村南湖春雨图》，《艺林丛录》第8编，第186页）。因此，毛奇龄所说十郡大社如此时举行，梅村有参加的可能。朱彝尊也有可能。他的诗系年编辑，九年第一首即《南湖夜闻歌者》（《曝书亭集》卷2《古今诗》1，玄黓执徐）。可见他九年春也在嘉兴南湖。但尤侗当时不在那里。九年春，他以拔贡进京会试（尤侗《西堂余集》，《悔庵年谱》卷上）。或者会社活动后才北发？但自撰《年谱》中全无反映，姑系于九年春，以俟再考。

② 毛奇龄：《西河文集》，《墓志铭》8《骆明府倪孺人合葬墓志铭》。

③ 谢国桢：《明清之际党社运动考》引王随庵自订《年谱》，中华书局，1982年，第160页。

虎丘会后，梅村曾重游南京国学、钟山、台城、功臣庙、玄武湖等地，写成一些凭吊感伤的诗篇。在《遇南厢园叟感赋八十韵》中，他慨叹"万事今尽非，东逝如长江"[①]。他还作有《新蒲绿》七律二首，追念前朝，凄怆满怀。诗云："白发禅僧到讲堂，衲衣锡杖拜先皇。半杯松叶长陵饭，一炷沉烟寝庙香。有恨山川空岁改，无情莺燕又春忙。欲知遗老伤心处，月下钟楼照万方。"又云："甲申龙去可悲哉！几度东风长绿苔。扰扰十年陵谷变，寥寥七日道场开。剖肝义士沉沧海，尝胆王孙葬劫灰。谁助老僧清夜哭，只应猿鹤与同哀。"[②]

弘光九年（1652年），两江总督马国柱"遵旨举地方品行著闻、才学优长者，疏荐伟业"[③]。当时，梅村的姻亲、内弘文院大学士陈之遴正得势，对梅村出仕有吸引力。但他的好友陈名夏却因"党附吏部尚书公谭泰"，被革去内弘文院大学士职，"发正黄旗下与闲散人随朝"[④]，一定使梅村很不愉快。更加重要的是，前朝旧臣的出处关系人生的大节，民族斗争的战火正烈焰腾腾，使梅村不能不怀

① 吴伟业：《梅村家藏稿》卷1《诗前集》1《五言古诗·遇南厢园叟感赋八十韵》。

② 吴伟业：《新蒲绿》，转引自马导源《吴梅村年谱》，商务印书馆，1935年，第59页。

③《清史列传》卷79《吴伟业传》。

④《清史列传》卷79《陈名夏传》。

着很深的顾虑。所以他有《上马制府书》《辞荐揭》，以患病和养亲为辞。他又有《投赠督府马公》七律二首，强调“青山旧业安常税，白发衰亲畏远游”[①]。弘光十年（1653年）春，吏部左侍郎孙承泽又上疏“荐伟业学问渊深，气宇凝弘，东南人才无出其右，堪备顾问之选”[②]。不久，重被起用并任内秘书院大学士的陈名夏、改任户部尚书的陈之遴“思借伟业文采以结主知”[③]，因而交章论荐，并嘱马国柱敦促就道。很多人出面阻止他启行。这是一场严峻的考验，他在政治上、思想上犹豫、斗争，事情前后经年，不能决定。但他终因软弱、畏怯，又“为世所逼”[④]，“误尽平生是一官，弃家容易变名难”[⑤]，而应召进京。九月，他怀着复杂的心情北上。

梅村出山，当时后世，议论纷纷。当他临行时，上绅设宴祖饯，并搬演传奇。剧中人有一张石匠，艺人因为当

① 吴伟业：《梅村家藏稿》卷 6《诗前集》6《七言律诗 · 投赠督府马公二首 · 其二》。

②《清史列传》卷 79《吴伟业传》。

③ 邓之诚：《清诗纪事初编》卷 3《江南》上《吴伟业》，上海古籍出版社，1984 年，第 392 页。

④ 吴伟业：《梅村家藏稿》卷 16《诗后集》8《七言律诗 · 怀古兼吊侯朝宗》。

⑤ 吴伟业：《梅村家藏稿》卷 6《诗前集》6《七言律诗 · 自叹》。“误尽平生是一官”似有两解，一是因系故官，才被征召，便不能不应征，一是因想再做官，才去应征。不能否认梅村仍有功名利禄之念，所以两解所包含的意思似并有之。

时有垒石造园的名家张涟在座，就改张石匠为李木匠。梅村会意，故意以折扇敲茶几，称赞说："有窍！"后来，艺人演关于朱买臣夫妇的戏，当演至买臣妻认夫，买臣唱"切莫题起朱字"时，张涟也语意双关地以折扇敲茶几道："无窍！"[①] 这虽是一个玩笑，但大概是梅村背明仕清后所碰到的头一次讥刺[②]。人们写诗吟咏梅村，大都涉及他的诗歌成就和政治表现。"百首淋漓长庆体，一生惭愧义熙民。""两代诗名元好问，毕生心事沈初明。"两诗异曲同工，被认为比较简明确切地概括了他的主要方面[③]。

他抵京后，清廷授以内秘书院侍讲，敕谕纂修《孝经衍义》。弘光十一年（1654 年）初，大学士冯铨、陈名夏、成克巩等合疏荐举故明杨廷鉴、吴伟业等十二人可补用。

① 黄宗羲:《南雷集》,《撰杖集（南雷文案三刻）· 张南垣传》。
② 顾公燮:《丹午笔记》（江苏古籍出版社，1985 年）29《吴梅村被嘲》，记载了一个讥刺梅村的故事。说清初，复社生童五百人在虎丘千人石上会课，"请吴梅村执牛耳"。次晨，梅村步行至千人石，看见壁上题诗云："千人石上坐千人，不仕清兮不仕明。只有娄东吴太史，一朝天子两朝臣。"梅村见后，"废然而返"（第 56—57 页）。但这个故事显然是后人捏造的。因为虎丘大会是顺治十年三月，梅村那时还是明朝旧绅，进京供职作"两朝臣"是虎丘会后半年的事。讥刺诗的作者怎么能作此预言？
③ 陆以湉:《冷庐杂识》卷 3《吴梅村》，中华书局，1984 年，第 142 页。

十二年（1655 年），他并未大用，只奉敕纂修《太祖高皇帝圣训》《太宗文皇帝圣训》。十三年（1656 年），他迁国子监祭酒。在这期间，他与在京官员、四方文士诗酒往还，频频“以诗文相质问”①。

十一年三月，陈名夏已因在党争中失败被绞死。十三年三月，陈之遴又被革职，永不叙用，后谪戍辽阳。仕途巇崄，严重削弱和摧折了梅村的宦情。官场角逐的凶风恶浪，民族战争的怒火狂飙，应召再起后冷淡的境遇，二十多年来生活和斗争的画面在他的思想上重现、翻腾。他开始感到失望和悔恨②，自我谴责加重：“万事摧华发。论龚生天年竟夭，高名难没。吾病难将医药治。耿耿胸中热血，待洒向西风残月。剖却心肝今置地，问华佗解我肠千结。追往恨，倍凄咽。故人慷慨多奇节。为当年沉吟不断，草间偷活，艾灸眉头瓜喷鼻，今日须难决绝。早患苦重来千叠，脱屣妻孥非易事，竟一钱不值何须说！人世事，几完缺。”③他的心灵的创伤已到无可救治的程度。十月，他的

① 吴伟业：《梅村家藏稿》卷 30《文集》8《序·吴六益诗序》。
② 失望的情绪在梅村思想上也会有的。据邓之诚说，清廷“仅委以修书，所谓虚相位以待者，竟无其事”（《清诗纪事初编》卷 3，第 392 页）。此事果真，则失望情绪更会存在。
③ 谈迁：《北游录》，《纪闻》上《崔青蚓》，中华书局，1960 年，第 330 页。并见吴伟业《梅村家藏稿》卷 22《诗后集》14《诗余长调·贺新郎》《又（病中有感）》。

嗣母张氏病逝。十四年（1657 年）二月，他抵家守制。

从此，他开始了十五年里居生活。除了游览山川和应酬诗文，他安居静养，不再参预政治。但他仍然不免为政治所牵累。顺治十八年（1661 年），他入江南奏销案，几提解刑部，赖门人卢纮为粮道，援回籍官员革职例落职，仍然怖畏万分，“几至破家”。接着“又有海宁之狱”，他因姻亲关系似被牵连进陈之遴一案。不久，“陆銮告讦”，“借江上（顺治十六年郑成功率师陷镇江、攻南京）以倾梅村而击两社（慎交社、复声社）”。通海案已叫人毛骨悚然，陆銮还把梅村主盟十郡大社拉扯在一起，“家门骨肉当至糜烂”。“幸天子神圣，烛奸反坐，而诸君子营救之力亦多”。梅村九死一生，是他的“祖宗之大幸，而亦东南之大幸也”[①]。

康熙十年（1671 年）夏，江南一带“暑热非常”，梅村“旧疾大作，痰声如锯，胸动若杵”，“惟有药饵不离手”[②]。入冬后，他的病情转剧。十一月二十八日，他作《与子暻疏》，仍说“得安林泉者，皆本朝之赐”，但强调指出，“惟是吾以草茅诸生，蒙先朝巍科拔擢，世运既更，

① 吴伟业：《梅村家藏稿》卷 57《文集》35《疏 · 与子暻疏》。又邓之诚《清诗纪事初编》卷 3《吴伟业》，第 393 页。并参杜登春《社事始末》。

② 吴伟业：《梅村文补遗》，《书 · 与冒辟疆书》，《又（辛亥中秋绝笔）》。

分宜不仕，而牵恋骨肉，逡巡失身，此吾万古惭愧，无面目以见烈皇帝及伯祥诸君子，而为后世儒者所笑也”[①]。伯祥即杨廷麟，江西清江（在今清江西南）人，梅村同榜进士，坚守赣州抗清殉难。梅村表示自己无面见先皇和殉节的旧友于地下，是很沉痛的。他又遗嘱：“吾死后敛以僧装，葬吾于邓尉灵岩相近，墓前立一圆石，题曰‘诗人吴梅村之墓’，勿作祠堂，勿乞铭于人。”[②]他的《临终诗》仍然是一片悔恨，云：“忍死偷生廿载馀，而今罪孽怎消除？受恩欠债应填补，总比鸿毛也不如。”[③]同样表现了他的内心深处无比的隐痛。不久，他就溘然长逝了。

他的著作有三类。顺治十七年（1660年），《梅村先生诗集》十卷刻成，托名门人所编。康熙八年（1669年），他手辑《梅村集》四十卷，包括诗十八卷、诗余二卷、文二十卷，刊行传世。清末，《梅村家藏稿》五十八卷、补遗一卷行世，包括诗二十卷、诗余二卷、文三十五卷、诗话一卷、诗文补遗一卷，诗篇虽较《诗集》增加，但仍缺《诗集》已收的诗六十余首。除诗文外，他的史著有《绥

① 吴伟业：《梅村家藏稿》卷57《文集》35《疏·与子暻疏》。
② 顾湄：《吴先生伟业行状》，钱仪吉辑《碑传集》卷43。
③ 吴伟业：《梅村家藏稿》卷20《诗后集》12《七言绝句·临终诗四首》（之一）。

寇纪略》十二卷（又补遗三卷）[①]、《春秋地理志》十六卷、《春秋氏族志》二十四卷、《复社纪事》一卷（并见文集中）；他的剧作有《临春阁杂剧》一卷、《通天台杂剧》一卷、《秣陵春传奇》二卷。他还编有《太仓十子诗选》十卷。

他的主要成就是诗，尤以七言歌行，吟咏时事，自成一体，在诗坛最负盛名。他作诗取法唐人，风格近似李颀，但也渐涉宋人藩篱，号为“娄东派”。他的七言歌行在艺术方面的特点是，“格律本乎四杰，而情韵为深；叙述类

① 传世有《鹿樵纪闻》三卷，题“娄东梅村野史撰”，或以为即吴伟业所作。末附镇洋山人识语、孙毓修跋文。识语已发现其中问题，但仍坚持为梅村所作，如认为叙及郑氏之亡是后人所续，重诬吴继善“与《梅村集》中《志衍传》异”，“此晚年所纪，当得其实”。跋文前进一步，认为：“所题梅村野史当另是一人，非必定是骏公也”。谢国桢按语断言“《绥寇纪略》一名《鹿樵纪闻》”，此三卷本《鹿樵纪闻》则“非梅村所撰”（以上均见谢国桢《增订晚明史籍考》卷9《总记》，《南明史乘·鹿樵纪闻》，上海古籍出版社，1981年，第464—466页）。谢说极是。吴继善为梅村总角时朋友，至老不渝，《梅村集》中关于继善诗文很多，情谊深长，溢于言表，梅村临终前二年所编《梅村集》仍未作丝毫变动。所以《鹿樵纪闻》卷中《献忠屠蜀》关于吴继善的十分不堪的描写，绝不可能出于梅村之手。认为“晚年所纪”，实在是不了解梅村与继善的友谊和族谊，以及四十卷本《梅村集》成于梅村死前二年的缘故。

乎香山，而风华为胜。韵协宫商，感均顽艳，一时尤称绝调”[①]。《临江参军》《永和宫词》《琵琶行（并序）》《圆圆曲》《楚两生行（并序）》《松山哀》等名篇，是他的代表作。它们记录了易代之际许多著名人物和政治、军事事件，蕴含着心中“无限兴亡恨”[②]，表达出他对丑恶现象的讥刺，当然，他的诗歌反映了人民的多方面的苦难，构成当时更广阔的生活画面。例如，《遇南厢园叟感赋八十韵》就记述了清军进入南京建立满城时百姓流离失所的惨状：“大军从北来，百姓闻惊惶。下令将入城，传箭需民房。里正持府帖，佥在御赐廊。插旗大道边，驱遣谁能当！但求骨肉完，其敢携筐箱。扶持杂幼稚，失散呼耶娘。”[③]《捉船行》《马草行》等诗篇描写清朝官差对人民的勒索，是很深刻的。这些诗不愧称为“诗史”。

原刊《清代人物传稿》上编第 6 卷，中华书局，1991 年

① 《四库全书总目》卷 173《梅村集》。按：本段写作曾参考邓之诚《清诗纪事初编》卷 3 所作吴伟业小传（第 392—395 页）。中国科学院文学研究所《中国文学史》（人民文学出版社，1963 年，第 1009—1010 页）、游国恩等《中国文学史（四）》（人民文学出版社，1979 年，第 174—176 页）。

② 吴伟业：《梅村家藏稿》卷首《题词》，宗源瀚七律。

③ 吴伟业：《梅村家藏稿》卷第 1《诗前集》1《五言古诗·遇南厢园叟感赋八十韵》。

黄通

黄通，福建宁化人，生年不详，顺治四年四月十六日（1647 年 5 月 20 日）遇害。他是清初宁化佃农斗争的著名领袖。

黄通一家本宁化县城居民。祖某迁至留猪坑务农。明崇祯十三（1640 年）、四年（1641 年）间，通父流名因世乱无以为生，与中宜地李留名、李简、半寮宁文龙等结伙剽掠富户，迁延活命。他们因与毗邻的江西石城居民温氏争夺市利，仇杀十命，接着又武装拒捕，“杀民兵作乱”[1]。不久，李留名、李简等相继就擒，黄流名侥幸逃

[1] 李世熊：康熙《宁化县志》，《政事部》卷 7《寇变志》。参李世熊《寇变纪（后纪寨堡纪堡城纪附）》，《清史资料》第 1 辑，中华书局，1980 年，第 34 页。案，宁化与江西石城接界，争夺市利显然是指争夺垄断交界处乡村集市的利益。

脱。后来，流名回祖堂祭祖归宗，被同族无赖黄振所拉杀[①]。族人焚毁祖堂，将流名投尸烈焰，伪装烧死。流名有子八人[②]，通居长。通兄弟痛父惨死，一面收拾焚余遗骨，造坟墓于祖堂残基之上，一面将冤状呈告到官府，希望理枉惩凶。但是，明朝官府正暗幸流名之死，竟不处置。通等因而更加痛恨官府，并与本族大户结下深仇。所以黄通一直是在劳作、困苦、斗争、仇恨中生活和成长的。

福建主佃矛盾历来尖锐。万历、天启年间以后，风潮迭起。清流和泉州府属各县农民都因收租斗秤不公而掀起激烈的斗争，从较正斗秤，反对凌虐，发展到武装起义，杀戮地主[③]。隆武元年（1645年），江西石城石马下吴万乾也“倡永佃，起田兵”，革除“桶面”（“本邑旧例，每租一石收耗折一斗，名曰‘桶面’”），削减正租（“后正租止纳七八”），联纲结党，围城毁署[④]。在这些斗争影响和

① 李世熊：康熙《宁化县志》，《政事部》卷7《寇变志》。或作黄整，李世熊《寇变纪（后纪寨堡纪堡城纪附）》，《清史资料》第1辑，第34页。

② 李世熊：康熙《宁化县志》，《政事部》卷7《寇变志》。或作“流名有七子”，李世熊《寇变纪（后纪寨堡纪堡城纪附）》，《清史资料》第1辑，第34页。

③ 参傅衣凌《明清农村社会经济》有关各篇，三联书店，1961年。

④ 乾隆《石城县志》卷7《兵寇》，转引自傅衣凌书，第111页；圆括号内引文亦同。

推动下，黄通也起而倡议反抗。他首先占有留猪坑附近黄姓城居地主田产，继而创为“较桶”之说。原来，宁化地主收租历来“以二十升为一桶，曰租桶，及粜则桶一十六升，曰衙桶”，已“沿为例”。“通唱谕诸乡，凡纳租悉以十六升之桶为率，一切移耕、冬牲、豆粿、送仓诸例皆罢”。因此，“较桶”的主张不仅反对大桶剥削，而且要求废除附加的实物和劳役剥削。这个主张一提出来，“乡民欢声动地，归通惟恐后”[①]。他乘机联合各乡农民，建立组织，名“长关”，“黄通为长关主”[②]，下设千总，领导农民武装“田兵”，“乡之丁壮悉听其拨调，通有事则报千总，千总率各部，不逾日而千人集矣”。长关还拥有权威司法，“通所连关，词讼不复关有司，咸取决于通。通亦批行诸千总，自取赎金而已”。从此，“城中大户与诸乡佃丁相嫉如仇”，矛盾日益尖锐[③]。

不久，黄族大户夷平通父流名的坟墓，毁弃残骸，使矛盾更加激化。“通时时有入城复仇之语”[④]。佃户们也想入城打击地主。他们在黄通领导下，先在乡村困扰过路的本县商人（他们大多是置产收租的城居地主），禁阻运送

① 李世熊：康熙《宁化县志》，《政事部》卷 7《寇变志》。
② 李世熊：康熙《宁化县志》，《土地部》卷 1《城池志》。
③ 李世熊：康熙《宁化县志》，《政事部》卷 7《寇变志》。
④ 李世熊：康熙《宁化县志》，《政事部》卷 7《寇变志》。

城中的柴米。县城绅富大窘，对佃户更加愤恨。

长关“竞立社党，横行不法，目无有司”，使隆武政权深感不安。隆武二年（1646 年）四月，隆武亲“令兵部主事李言前往宁化、清流解散乱民……着李言察所害何在，即予消除”，又“着地方官严行晓谕禁止，以消隐祸”[①]，但对立和斗争丝毫没有缓和。

城中贫民站到了长关一边，将城内各种情况偷偷告诉他们，促使黄通下了攻城的决心。六月二十六日，黄通率田兵千数百人袭入邑城，杀县族衿黄钦镛并侄黄招，掠殷户百数十家。“诸佃客各快报其睚眦，焚城外园馆几尽，携〔摧〕坠城垣十数丈，抬去佛狼机二门，破城中资财不可算”[②]。当天，他们就撤兵出城。

黄通领导的运动产生了重大的影响。邻县清流最早响应。自通“创为较桶之说……清流杨家店、暖水塘、左右龙坊闻风而起，欢声动地，归通惟恐后。杨家店黄吉、黄泰受千总札……不逾日而集千人，名曰田兵，相率入城，除信较斗，始拆毁银匠炉，继抄掠乡绅伍仪、生员邹其茂家，财货悉劫一空”。但清流士绅相对强大，鸣锣集众，闭城杀害田兵五十多人，“尸抛于溪，水为之不流”。次日

① 佚名：《思文大纪》卷 6。

② 李世熊：康熙《宁化县志》，《政事部》卷 7《寇变志》。参李绂等乾隆《汀州府志》卷 45《杂记》，《兵戎》。

“田兵各乡复聚至万人来逼城，竖旗放炮”，与士绅组织的民兵作战，“围绕喊骂，城中亦苦防御”[①]。当年，泰宁“上高保佃户因较斗生衅，几杀田主”[②]。八月，隆武政权覆灭之际，将乐也发生斗争。“县未设官，民无强弱，蜂拥富贵家攻劫，名曰讨济贫”。“民之有睚眦者，投其人于溪，强者敢于横行，宰牲歃血，号曰联甲”[③]。顺治四年（1647 年）九月，将乐书役吴长文、民人谢七宝等又“把持还租斗量”，联络江西泸溪（今资溪）义军“借名义举，陷城”[④]。在此前后，江西瑞金皂隶何志源、应捕张胜等为首，也“效宁化、石城故事，倡立田兵，旗帜皆书‘八乡均佃’”。均佃的办法是：“欲三分田主之田，而以一分为佃人耕田之本。其所耕之田，田主有易姓，而佃夫无易人，永为世业。”地主如果反对，“立焚其屋，杀其人”。田兵佃夫纷纷入城，“逼县官印均田帖以数万计”[⑤]。这些斗争在闽西南、赣东南交界地区造成了颇大的声势。

① 雷可升等：道光《清流县志》卷 10《寇变》。

② 许灿：乾隆《泰宁县志》卷 1《风俗》，转引自傅衣凌《明清农村社会经济》，第 180 页。

③ 徐观海：乾隆《将乐县志》，《政事部》卷 16《灾祥志》。案：“讨济贫”，原书如此，疑“讨”后夺“富”字。乾隆原刻本颇有讹误。

④ 徐观海：乾隆《将乐县志》，《政事部》卷 16《灾祥志》。

⑤ 杨兆年：《上督府田贼始末》，黄天策等乾隆《瑞金县志》卷 7《艺文》。

与此同时，黄通领导的运动则在性质上开始发生变化。攻城得手，掳掠的大量资财，腐蚀着斗争本身及其领袖。他的目标逐渐转向积攒钱物，博取官职。田兵撤出宁化城不久，七月初，隆武政权的分巡汀漳道于华玉提兵至宁化，出驻城外，行牌进行招抚。黄通率田兵直趋县城，途中还能粉碎抚牌，刀伤汀州府通判署宁化知县朱墀，但捉拿于华玉到中沙后，却允许于华玉递揭向城中索饷取赎。一当收纳朱墀和城绅筹措的饷银一千五百两，就将于华玉释放。十月，清军已占有宁化，偏将田国泰领兵二百到宁化，以剿长关为名吓唬黄通，通仍岿然未动。十一月，清汀州知府李友兰亲到宁化中沙抚通，通却大改初衷，公行贿赂，李友兰亦给通守备劄，二人相互勾结，通盟馈礼。通受劄后，又自出劄授千总，千总更买私劄授人，都索取钱财。“自清流、归化、泰宁、永安、沙县诸村落，千总令旗，往来如织”[1]。可以想见，黄通以及一批人由此将能逐渐称雄致富。

在为佃农群众的斗争目标开始丧失后，流血的内讧也变为不可避免。最早与通父流名共事的宁文龙，以子侄辈待通，又因通外貌丑陋而轻视他。通兄弟得势后也排挤文龙，有时呼文龙为“宁贼”，甚至口出大言说：“何物文龙，

① 李世熊：康熙《宁化县志》，《政事部》卷 7《寇变志》。

敢与我抗行！”绅衿得知后，乘机向宁文龙进谗，挑拨说：“通兄弟乘隙图宁已有成谋。”顺治四年四月十六日，当通兄弟从泉下里查点兵甲至乌村，归途停宿下埠时，宁文龙遣侄泰宇率八十人偷袭，杀通，捕通弟允会。绅衿闻讯，“欢声动地，自是诸乡绝千总之迹矣”[①]。

通死后，长关遭清朝方面各个击破，但主佃矛盾既没有缓和，斗争自然仍时起时伏。六月，知府李友兰、总兵于永绶复提马步兵驻扎中沙，招抚长关，杀害千总陈亢、江丹、张驴和黄仲等，招降谋主黄居正、千总马六、吴坚俊及黄允会兄弟。顺治六年（1649 年）冬，清总兵王之纲统兵至留猪坑，接受允会贿赂，许允会为团练总，王部千总白庆禄先后击破长关一部分土围，掳掠、杀害平民。九年（1652 年）九月，王之纲杀害已降清的黄通部原千总李嘉采、僧即登。十年（1653 年）十月，黄允会已充王之纲镇标官，“佯言弛旧约，复旧桶，与城中大户议和，赚田主四十人至中沙，悉擒以归，勒赎资产巨万，遂杀诸生赖朝会”[②]。次年（1654 年）十二月，王之纲又发兵破僧即登原所在土围。十二年（1655 年）十月，清朝官府诱杀黄允会及其亲兵百五十人，允会弟素禾等仍住留猪坑。十三年（1656 年）正月，清百总邹胜等雪夜兵捣留猪坑，

① 李世熊：康熙《宁化县志》，《政事部》卷 7《寇变志》。
② 李世熊：康熙《宁化县志》，《政事部》卷 7《寇变志》。

杀黄禾、黄沙禾，素禾及兄冬生逃往广东。六月，素禾至江西赣州投降[①]，以守备衔管事。十七年（1660年）十月，清总兵董某发兵到石城塘下，捕剿黄冬生，杀曾长等八人。康熙十三年（1674年）春，宁化长关田兵余部乘耿精忠之乱，又"轰然攻邑城"，"相持十许日"[②]。直到三十二年（1693年），长关仍有活动。但对黄通领导的斗争说来，这些活动已是狂涛的余波了。

原刊《清代人物传稿》上编第7卷，中华书局，1994年

① 李世熊：康熙《宁化县志》，《政事部》卷7《寇变志》，云："顺治十三年丙申八月，黄允会之弟素禾赴赣州军门亦标下投诚。"但据《清世祖实录》卷102，顺治十三年六月二十六日，福建巡抚宜永贵已"疏报宁化逆首黄素禾势蹙投诚，余党悉散"（中华书局影印本《清实录》，第3册第2293页）。《县志》所记时间显误。
② 李世熊：康熙《宁化县志》，《政事部》卷7《寇变志》。

读体

读体，字见月，号绍如，俗家姓许，名冲霄，云南楚雄人，生于明万历三十年三月初三日（1602年4月24日）[1]，清康熙十八年正月二十二日（1679年3月4日）圆寂[2]。自佛教律道中衰后，到明末又由如馨（古心）草创，寂光（三昧）代兴，读体传两代衣钵，成为继往开来、

① 见月叟：《一梦漫言》卷上，载弘一法师编《佛学丛刊》第1辑第4册，国学整理社，1937年。此卷多处记其年岁，据以推算出生年。但本书卷下云，顺治“七年是余五十岁”（第51页）。又释道忞《见翁法兄华山大和尚七十序》（见刘名芳《宝华山志》卷11《序》），称康熙九年三月初三日，为读体七十初度之辰。又方亨咸：《见月和尚传》（见同前书卷12《传》），称读体世寿七十有九。据此数者则其生应在万历二十九年（1601年）。故读体生年尚待考信。

② 方亨咸：《见月和尚传》，刘名芳《宝华山志》卷12《传》。

重振律宗的集大成的宗匠。

许氏先世为应天府句容（今属江苏）人。远祖某于明初从军滇、黔，以功封世袭指挥，后占籍楚雄。冲霄父醧，母吴氏，生三子，冲霄最长。万历四十三年（1615年），父母相继弃世。伯父无嗣，抚育诸侄，准备以冲霄袭世职。但冲霄性耽绘画，曾学画大士像，“人呼为小吴道子”[①]。他又酷嗜游历，每遇绮丽风光，往往流连忘返。天启六年（1626年），他约友西游金沙江，后应邀至浪穹（今洱源）旧友萧暗初家，又结识了举人杨绍先等。萧、杨都是巨富，各有名园。冲霄读书萧园。崇祯元年（1628年），他获悉伯父盼侄不归，已失望而死，悔恨莫及，“神惊酒醒，心伤泪堕，一向不信僧道，倏尔发起出家之念”[②]。

冲霄虽发愿出家，但从佛从道，并没有确定。他就在萧园静修，从附近道观请经信道，除荤戒酒，作道装，改名真元，号还极，以诵经悔罪为常课。百里内知有萧园还极道人。

他曾夜梦为僧讲经，醒后自以为终非玄门黄冠，必

① 月叟：《一梦漫言》卷上，《佛学丛刊》第1辑第4册，第1页。
② 月叟：《一梦漫言》卷上，《佛学丛刊》第1辑第4册，第1页。

作法坛缁衣，于是有意向佛教靠近。崇祯三年（1630年）后，浪穹县北三营镇大觉寺建龙华会。真元赴会随喜，应邀主坛，发起了空前大规模的劝善斋僧活动。四年（1631年）三月，他移居剑川州赤宕岩，继续斋僧植福。岩西一老僧得知他自出心裁办了龙华会法事，吃惊说："汝所为者皆菩萨行，大有慧根，速拜明师，剃发为僧，弘扬法化。"老僧送他一部《华严经》，嘱"恭敬跪诵""不藉他人开示""自然发菩提心"[①]。他携归跪阅至《世主妙严品》，幡然憬悟，决计剃度。在夜梦为僧的长期心理作用后，《华严经》的启示成为他确定信仰的关键。

鸡足山是云南著名的佛教圣地，在浪穹东南。山形奇特，"前有三距，后起一尖，形若鸡足"。"山峰攒簇如莲花状，盘折九曲，松杉郁葱，其崖壑泉涧之属以数百计。上有石门，号华首门，俨如城阙，人莫能过。佛寺环列，金碧辉煌"[②]。真元选择这里为发轫之始，于八月间约萧暗初等朝鸡足山寂光寺[③]，请求老和尚大力、白云为真元剃度。白云认为"此人终成大器"，"恐出家易，持戒不

① 月叟：《一梦漫言》卷上，《佛学丛刊》第1辑第4册，第5页。

② 师范：《滇系》5之1《山川系》上。

③ "寂光寺，嘉靖间古德定堂禅师创建……后嗣用周禅师大兴宏敞。"（赵藩、李根源：《鸡足山志补》卷1《鸡志略》2《诸寺原始》。）

坚”，要他再经挫折，“自己沿门”“化得衣钵，再来登山披剃”[①]。大力根据寂光寺法派，为他预取法名书琼。他自称“在鸡足山出家”[②]，或说他“出家难〔鸡〕足山寂光寺”者以此[③]。

随后他到落马募化。崇祯五年（1632年）十月初，他为早日满足出家之愿，在落马大觉寺从寂光一脉的宝洪山法师亮如剃度，法名读体。接着，他就随师旅行浪穹、鹤庆、丽江等地讲经。亮如指示，出家必先受沙弥十戒，次受比丘戒，具诸威仪，乃名为僧，否则不名为僧，有玷法门。又说，传比丘戒须请律师，可到江南请三昧传戒。读体等决心受比丘戒。

从此，他有了确定的立足点、目标。开始参礼诸方，充实自己。崇祯六年（1633年）四月，他们辞别亮如，行脚江南。十月，他们经历千辛万苦后抵达湖广武冈州（今湖南武冈）。七年（1634年）四月，他到宝庆（今邵阳市）玄台庵听著名高僧观衡（颛愚）讲述《楞严四依

① 月叟：《一梦漫言》卷上，《佛学丛刊》第1辑第4册，第5页。

② 月叟：《一梦漫言》卷上，《佛学丛刊》第1辑第4册，第1页。

③ 沈宗舜：宣统《楚雄县志》卷之9《人物述辑》，《释道·读礼〔体〕》。

解》。观衡“释名而儒行”[1]，“通晓佛法”，曾“遍参诸方，颇有心得”[2]，发为著述多种[3]。观衡称赞读体“有些骨气”，“将来必为法门梁栋”，赠给著作全套，嘱效法自己操履[4]。随后读体等去朝南岳，又随喜江西庐山诸刹，到湖广黄梅凿港（今湖北黄梅濯港镇）瞻拜三昧重葺的祖庭殿宇，并到破额、冯茂诸山朝礼。他们继续东走潜山、青阳九华山（今属安徽）进行参拜，又到太平（今安徽当涂）听融悟法师讲《法华经》。十月，他们抵达南京。读体往句容县北的华山（又名宝华山）学楞严咒。八年（1635年）正月，读体等北上五台山，诣旧路岭十方堂方丈参礼从江南来的三昧，读《楞严义海》，讲《楞严经》。九年（1636年）七月，他们在赴京追随三昧途中，至保定遭兵南下。九月，他们居镇江甘露寺读五大部经。

崇祯十年（1637年）四月，读体等终于在丹徒（今江苏镇江市）海潮庵从三昧受戒，被许为“此期中得人”。

① 邓显鹤等：道光《宝庆府志》卷126《胜朝耆旧隐逸传》17附《方外·释观衡》。

② 黄文琛：光绪《邵阳县志》卷10《杂志》，《仙释·释观衡》。

③ 有《自订年谱》《颛师语录》20卷、《闭门语录》《紫竹林集》《楞严四依解》《金刚四依解》等。参邓显鹤等道光《宝庆府志》卷126《胜朝耆旧隐逸传》17附《方外·释观衡》。

④ 月叟：《一梦漫言》卷上，《佛学丛刊》第1辑第4册，第14页。

教授师熏六、引礼师耳圆也勉励他们“恒随和尚，冀为法门栋梁”①。三昧赞赏读体因追念披剃师恩德不愿改换法名的请求，同意仍称旧名。受戒后，读体开始禅门生活的新阶段，学习律法，随师弘戒阶段。他追随三昧住锡扬州石塔寺，先后在泰兴毗尼庵、高邮承天寺、镇江善庆庵、邵伯镇宝公寺等处弘戒，任事西堂等职。十一年（1638年）夏，熏六病危。熏六原“欲觅几人辅弼和尚法门”，曾“留神观诸新戒品格，验其心行作为”，后相中读体，请求三昧允许将万历帝女荣昌公主全家送供熏六的金襕紫僧伽黎一顶转付读体，以侍三昧，则自己“死亦遂愿”②。读体受命后，协助三昧完成了清江浦、云台山法事，又一直在石塔寺护理熏六。冬，他奉三昧之召去南京报恩寺。熏六圆寂后，他悲痛欲绝，遵照遗命安放了灵骨。

不久，三昧决定常住和重兴华山。华山在句容县治北六十里，“山势崛起而中凹，群峰环绕其下，若华之含萼，窝藏寺宇，如莲之有房也”③。崇祯十二年（1639年）三月，读体随三昧到定水庵，任教授。四月，他又任教授署监院事。自到华山后，他一面辅佐三昧在松江、常熟等地传戒，一面协助改建华山敕造寺宇，身先卸瓦运砖。十五

① 月叟：《一梦漫言》卷上，《佛学丛刊》第1辑第4册，第26页。
② 月叟：《一梦漫言》卷下，《佛学丛刊》第1辑第4册，第29页。
③ 刘名芳：《宝华山志》卷2《山水·宝华山》。

年（1642 年）春，他因不满阇黎师香雪、当家师达照背弃律法，一度出走太平和黄山。十六年（1643 年）三月，他重返华山侍三昧外出开戒，并出山募米三百余石。

明亡，读体的宗教生涯不可避免地卷入政治，卷入改朝换代的斗争。崇祯十七年（1644 年）七月，他参加南明文武臣僚在南京大报恩寺举行、由三昧主坛开戒的追荐大行皇帝的佛事，持续三月。从十二月开始，他在绍兴大能仁寺参加鲁王皈依法事近两月。接着，他又因潞王阖府皈依得到邀请，计划在杭州昭庆寺古戒坛助三昧传戒。读体谨守堂规，严行佛制，兢兢读律。五月，清兵南下，他与侍者、书记等侍奉重病的三昧到苏州、昆山等地逃难，并募化兴建三昧寿塔银千两。六月，他们回华山。

三昧在经过长期观察、了解、比较后，认为读体“道心才能，不惜劳苦”[①]，非常出色，对他特别器重。三昧还因有一次旧家子搅扰道场，读体率先舍身护法，对僧众表彰说：“今日道场魔事不兴，则不显其见月。尔等为法为师，当如彼胆量心行。”[②] 闰六月初一日，三昧在方丈集

① 月叟：《一梦漫言》卷下，《佛学丛刊》第 1 辑第 4 册，第 32 页。
② 月叟：《一梦漫言》卷下，《佛学丛刊》第 1 辑第 4 册，第 26 页。三昧甚至说：“老人三十年戒幢，若非见月几被摧折矣。”（曹袭先乾隆《句容县志》卷第 9《人物志》下《仙释 · 读体》）

众，宣布“华山法席，见月可继”，取紫衣、戒本付读体，说：“吾以此事属累于汝，总持三学，阐发戒光。”① 三昧又安排独行和达照等协助方丈。初四日，三昧涅槃。

读体继任，主持方丈三十余年，为宝华山第二代祖。他为撑拄法门锐意兴革，手定规约十则，旨在提倡茹苦修行，清除攒单、别爨诸弊。规约首先遭到上层僧侣香雪、达照等的反对。读体以三昧在世时曾支持改革，面谕“汝既志在毗尼，俟汝异日依制躬行”，所以坚持“告白之后，是制必遵，是法必行”。于是达照等辞职，香雪和不甘淡薄的僧人十去八九。“唯百余同志，皆奋发协助，愿共持戒。”②

华山近江宁（今江苏南京市）。江宁是江南政治、军事重镇，虽被清军占领，但人心不服，斗争激烈。顺治三年（1646 年）三月，侍郎巴山提督满兵驻防江宁，就在近郊择地放青割草养军马，“旗兵放马吃麦，乡民无知，将马收去”。巴山“令兵作叛逆擒之，死者大半，妻子、田产一应入官”。乡民被迫起义。五月间，起义者百余在张秀峰率领下到寺借住。读体虽认为“今日举此事，因妻

① 月叟：《一梦漫言》卷下，《佛学丛刊》第 1 辑第 4 册，第 38 页。

② 月叟：《一梦漫言》卷下，《佛学丛刊》第 1 辑第 4 册，第 41—42 页。

子眷属被掳，家产田地入官，又是明朝子民，岂能甘心枉受，皆是不得已而为之”，但害怕千年常住牵连被毁，坚决拒绝。六月，起义军拥上擎山，住进各处静室，兵来则散，兵去复聚。读体谓“必有大害，遂领众将诸静室尽皆拆毁不存”[①]。八月侍郎巴山、操江巡抚陈锦等因有人举首僧人隐匿义军，将僧俗尽行逮系到官审问。由于读体临事镇静，不屈不挠，应对妥帖，僧俗大都在次日被释放回山，丛林得以保全。

读体身材高大，顶有肉髻，“登堂说法，声如洪钟，林木为震”[②]。他禀性方严，丝毫不苟，敢于任事，不惧斧钺。巴山等审讯隐藏义军案时，当场杀害被冤工匠等十六人，血溅僧衣，继而又要杀监院顿悟（原南明孙太监）、房头克修等三人。读体挺身而前说：“我是寺主，有罪当杀我，勿累及彼也。”[③]巴山等被感动，全予释放。崇祯十年（1653 年）二月，汉阳尼心闻师徒十众供米六十石、银二十两，要求留山三月学戒。读体因为她们没有进堂礼僧，认为“自大慢僧，非学戒者”，“宁绝粮断餐，必

① 月叟：《一梦漫言》卷下，《佛学丛刊》第 1 辑第 4 册，第 42—44 页。

② 曹袭先：乾隆《句容县志》卷 9《人物志》下，《仙释·读体》。

③ 尤侗：《艮斋倦稿》卷 6《传》，《华山见月律师传》。尤侗所作传并见方亨咸《见月和尚传》，刘名芳《宝华山志》卷 12《传》。

不敢违制邀利”[1]，让她们将粮米带走。后来心闻等回山忏悔，才按允许继续学习。他又慈悲为怀，富同情心。九年（1652年），江南蝗旱，人民饥馑，村庄老少男妇奔山求食，动辄一二百人。读体率僧俗减口食进行赈济。康熙十一年（1672年），江南又饥。他主持赈粥五十余日，凡活数万人。

他治事之暇，从事著述。所著有《毗尼止持会集》十六卷、《毗尼作持续释》十五卷、《传戒正范》四卷、《毗尼日用切要》一卷、《沙弥尼律仪要略》一卷，并《薙度正范》《黑白布萨》《出幽冥戒》《三归五八戒正范》《僧行轨则》《大乘玄义》《药师忏法》等各一卷，又《一梦漫言》二卷，还发起撰集《教诫比丘尼正范》一卷等。这些著作对律学的重兴起了一定的作用[2]。

由于读体持戒精严，华山宗风驰名全国。四方缁素，翕然从风。康熙九年（1670年），名重朝野、目空一切的道忞作文为读体祝寿，称赞“和尚以海内之上座，为当代律学之大总持”，说：“后五百年法运凌替，余与和尚作如来使，行如来事，皆弼时仔肩，挽回浊劫。非余则谁为破魔兵而正法统，非和尚则谁能秉佛制而饬僧纪？是则终南

① 月叟：《一梦漫言》卷下，《佛学丛刊》第1辑第4册，第53、54页。

② 参林子青《读体（1601—1679）》，中国佛教协会编《中国佛教》第2辑，知识出版社，1982年，第304—306页。

济北，虽各宏宗旨，而尸罗禅那，实互阐度门。总之扶世道而正人心，均使化日常明，真风遐被。”[①] 道忞显然也完全折服读体“秉佛制而饬僧纪”的伟绩。在读体住持期间，山中佛宇僧寮废弃者复兴，残缺者补苴，低隘者扩建。凡有造作，不需要募化，而远近布施，不谋自至。寺中僧俗发展到三千余人，“南北礼请开戒者无虚月”[②]。他一生“传戒七十余期，门弟子以数方计”[③]。他每次振锡出山，四方风动，奔礼恐后，“至舆乘填衢，香花塞巷，莫不梯山航海，供养致祝，福报之盛，从未有此”[④]。可知他的影响很大。

崇祯十七年（1678 年）底，读体病。次年正月十六日，他集众将衣钵付弟子德基（定庵）主持法席，再越七日即溘然圆寂。

原刊《清代人物传稿》上编第 7 卷，中华书局，1994 年

① 释道忞：《见翁法兄华山大和尚七十序》，刘名芳《宝华山志》卷 11《序》。
② 曹袭先：乾隆《句容县志》卷第 9《人物志》下，《仙释·读体》。
③ 方亨咸：《见月和尚传》，刘名芳《宝华山志》卷 12《传》。
④ 方亨咸：《见月和尚传》，刘名芳《宝华山志》卷 12《传》。

顾六

顾六，松江府上海（今上海市）人，约生于明万历十四（1586 年）或五年（1587 年）[①]，清顺治元年（1644 年）秋遇害。他是缙绅家世仆、清初松江一带奴变领袖。

明末，江南盛行世仆制度。豪绅富室“多收奴仆，世隶之”，“臧获多至千指”[②]。世仆的来源，有投靠，有卖身，有债务准折等等。“男子入富家为奴，即立身契，终身不敢雁行立”，“子孙累世不得脱籍”[③]。在主家，他们服役惟谨，不敢有丝毫懈怠、差错或抗拒。他们还常遭主

① 姚廷遴《历年记》（《清代日记汇抄》，上海人民出版社，1982 年）上指出，崇祯十七年“七月，有川沙乔氏之世仆顾六，年将六十”（第 54 页）。是当年顾六年五十八九，据此推算。
② 俞樾：同治《上海县志》卷 1《疆域 · 风俗》。参孙之騄《二申野录》卷 8。
③ 无名氏（王家祯）：《研堂见闻杂记》。

人各种刑责，甚至常被杖死。即使在积攒资财后，他们得以出钱赎身，但在名分上仍低人一等。

因此，世仆们深感痛苦，渴望挣脱奴籍，获得自由。他们的反抗一直很暴烈。万历七年（1579年），在松江发生群奴脔割主人原礼部侍郎董传策的案件[①]。天启四年（1624年），在吴县（今江苏苏州市）又爆发家奴朱三刺杀主人前知县钱龙祯的事变。崇祯六年（1633年），在松江再次激起奴仆手刃主人乡宦范文若母子的斗争[②]。十六年（1643年），家奴唐观又在松江首先发难抗主。不久，零散的奴变就汇成了一场以索契脱籍为目标的奴婢解放运动。

顾六是上海川沙（今上海市川沙）乔氏世仆。乔氏自嘉靖年间乔镗以练勇抗倭起家，子孙相继为官，“彬彬蔚起，遂为海滨望族”[③]。顾六为乔氏奴役一生，垂老仍然赤贫。

明朝刚亡，江南世仆就聚众奋起反叛。十七年（1644年）初，松江世仆李观“以索身券为名，乘机鼓众……骚

① 李绍文:《云间杂识》卷1。沈德符:《敝帚轩剩语》卷下《奴婢弑逆》。

② 二事分见佚名《启祯记闻录》卷1、卷2。

③ 叶梦珠:《阅世编》卷5《门祚》2，上海古籍出版社，1981年，第129页。

动”[1]。四月，镇江府金坛（今属江苏）“仆沈绍本、岳文芳闻北京陷，倡谋欲据城胁主，尽削仆籍”[2]。六月，上海浦东群奴弑主人祝圣尧父子三人。于是，顾六起而推波助澜。十五日，“嘉定、上海诸故家奴顾六为首，借势纷起，缚主戮辱，劫索身契。所至数千人，以雨伞为号。雨伞一举，其家立碎”[3]。在顾六的雨伞指挥下，奴仆浩浩荡荡进击，“不论乡村城市、士夫富室，凡有家人，立刻要还文契。或有平日待家人刻薄者，则必要杀要打，名曰报冤。稍有避而不还契者，千人围拥，烧杀立至”。“更有威逼其主要请酒算工钱者，坐家主之上呼号呼表者，稍不如愿，即打骂凌辱，成群逐队，无法无天”[4]。他们在主家又吃又喝，“臧斯踞坐，家主供馔，稍有难色，按地予杖”[5]。

① 周建鼎：康熙《松江府志》卷 54《遗事》下。
② 冯煦等：民国《金坛县志》卷 12 之 2《杂记志》下《记事》。
③ 汪永安：《紫隄村小志》卷之后《人物续录 · 沈暹》，1962 年铅印《上海史料丛编》本，第 148 页。起事日期有两说：姚廷遴指为七月（参姚廷遴《历年记》上指出，崇祯十七年“七月，有川沙乔氏之世仆顾六，年将六十”，《清代日记汇抄》，第 54 页）。此据叶映榴康熙《上海县志》卷 12《祥异》。
④ 姚廷遴：《历年记》，《清代日记汇抄》第 54、55 页。“呼号呼表”，指奴仆称呼家主，不用尊称而呼号或呼表字，以示平等。
⑤ 朱延射：光绪《宝山县志》卷 14《风俗》。

这场运动影响很大。“顾六一呼，从者蝟起”。“沿乡焚劫，大家为之一空”[①]。“一时兵戈腾沸，阀阅衣冠，危同累卵”[②]。邻境嘉定等县，“各大姓奴同时起，缚主杖之，踞坐索身券，或杀或辱，所至数万人，百里内如沸”[③]。南翔镇奴仆“群聚向主索鬻契”，“有不与券者，即焚其庐”[④]。尽管奴仆的觉醒和斗志不可能一致，有人得了身契，“背地即将其契送还其主”，但也不能不表示拥护运动，“见人则云我契已索”[⑤]。激烈的斗争，撼动着江南社会。

当时，缙绅大家惶惶不可终日。县绅、南京通政司参议张肇林飞书达苏松常镇兵备道程珣，请求派兵会剿。程珣即调吴淞游击贝某速统兵星驰上海，擒获顾六等五、六人加以杀害。新任苏松巡抚祁彪佳正抵苏州，也协谋镇压，出令道：“凶犯尚多，有为原主所保者姑贳死。”奴仆们不能抵抗弘光政权的军事镇压和政治迫害，“各膝行献

① 叶映榴：康熙《上海县志》卷 12《祥异》。

② 姚文枏等：民国《上海县续志》卷 30《杂记》3《遗事》，采《东阳家乘》。

③ 王季重：《祁忠敏公年谱》，见谢国桢编《明代农民起义史料选编》，福建人民出版社，1981 年，第 242 页。

④ 章有谟：《景船斋杂记》卷上。

⑤ 姚廷遴：《历年记》，《清代日记汇抄》，上海人民出版社，1982 年，第 55 页。

券，丐主求生”[①]。但直到顺治十年（1653 年），这场运动才完全结束。

原刊《清代人物传稿》上编第 9 卷，中华书局，1995 年

① 汪永安：《紫隄村小志》卷之后《人物续录 · 沈暹》，1962 年铅印《上海史料丛编》本，第 148 页。姚文柟等称："此案至顺治十年始结。"（姚文柟等：民国《上海县续志》卷 30《杂记》3《遗事》，采《东阳家乘》）

潘茂　潘珍

潘茂、潘珍兄弟俩[①]，应天府溧阳（今属江苏）人，生年都不详，茂于清顺治二年十一月初七日（1645 年 12 月 24 日）被磔死，珍在其后不久也被磔死。二人是缙绅家世仆、溧阳“削鼻党”奴变领袖。

兄弟俩是溧阳彭氏家人子。生员彭忱，字广生，为“珍之故主”[②]。茂的主人自然也是彭忱或其兄弟行。苏、

① 诸书皆作潘茂、潘珍，《江宁巡按毛九华揭帖（顺治三年正月初十日到）》（《明清史料》丙编）也说“擒潘茂兄弟于肘腋”（第 6 本第 518 页）。惟张斐《农部许公传》（《张非文莽苍园文稿余》，《民报》第 15 号夏季增刊）作“潘贞、潘晟”，显有讹误。

② 周廷英：《濑江纪事本末》，《清史资料》第 1 辑，中华书局，1980 年，第 158 页。

松、常、镇等地的方言，“谓人之仆曰鼻头”①。作为家人子，茂、珍一生下来就是彭氏的鼻头，名隶奴籍，终身遭受奴役，而且子孙世代不能解脱。

明末南北多警，社会激烈动乱。在这种时候，农工、奴仆、厮役人等往往能利用混乱的局势，冲破官府、士绅的控制，稍稍表现出扬眉吐气。约崇祯八年（1635年），溧阳有庾鲤庭其人，可能也属于奴仆一流，曾应南京兵部尚书范景文召募，获得参谋札，隶景文部，在家乡颇聚众逞威，后终因官府敌视，被溧阳知县许承钦擒杀。茂、珍兄弟曾依傍鲤庭在溧阳市井间活动，“狗屠辈悉聚食于其家，而彭氏主人又纵之为爪牙”②。他们的身世，培养了他们大胆、强梁的性格。士绅、官府对他们很嫉恨，咒骂说：“二潘者，陈〔彭〕氏之黠奴，而鲤庭之遗孽也。”③约十四年（1641年），茂几乎与庾鲤庭一样，被知县金和

① 张人镜等：《月浦志》卷9《风俗志·方言》，1962年印《上海史料丛编》本，第242页。冯煦等民国《金坛县志》卷12之2《杂记志》下《记事》亦云，“俗呼仆为鼻”。周廷英《濑江纪事本末》亦云“江南人每呼家僮为鼻”（《清史资料》第1辑，第141页）。

② 周廷英：《濑江纪事本末》，《清史资料》第1辑，第139页。

③ 张斐：《农部许公传》（《张非文莽苍园文稿余》，《民报》第15号夏季增刊），以为二潘为陈氏之奴，想系因潘茂为陈献策保释而产生误会。

置之死地，后贿赂乡宦陈献策才得到活命[1]。

明亡后，江南各地广泛发生奴变。这是二潘重新崛起的良好时机。顺治二年（1645年）五月，茂、珍得悉南京失陷，即结连伙党史老住、史德升、曹华、潘五、潘八等人，准备东山再起。而这时溧阳知县李思谟与乡绅宋劼、陈献策、周鼎昌等为对抗清军南下，议加强防御，也委任茂为城守甲长，酒、布慰劳。四天后，思谟由茂乘夜护送逃走出境。于是，茂成为实际上的县主，以助饷的名义括取生员彭元方等乡绅家资，分俵部下伙党。“茂又欲市恩集众，即不在党内者，亦令满载而去”[2]。这就为大规模奴变创造了适当的条件。

二十八日（6月21日），“茂与珍欲谋叛其主，遂倡为削鼻党”[3]。当日，他们置酒大会部属，说：“人奴之生，得无笞骂足矣。天幸乃有今日。”[4]于是，茂担任旧甲长，珍担任新甲长，将全县仆隶都编募入甲，揭竿起事，号称“削鼻党”，公开亮明这个奴仆组织关于削除奴籍、

① 周廷英：《濑江纪事本末》，《清史资料》第1辑，第139。案：于子瞻《金沙细唾》说：“乙酉僮变，三吴在在鼎沸，在溧阳者名曰拼党，创殿，僭伪号。”似为独家新闻，姑录存备考。

② 周廷英：《濑江纪事本末》，《清史资料》第1辑，第140页。

③ 周廷英：《濑江纪事本末》，载《清史资料》第1辑，第141页。

④ 陈维崧：《陈迦陵文集》卷1《许漱石诗集序》。

即取消世仆制度的目标。这是江南最早建立的削鼻党奴仆组织，是奴变的一个重大发展。

紧接着，六月十三日，镇江府金坛（今属江苏）的奴仆也乘乱“大会削鼻班”，在城隍庙中集会盟誓，“约通邑俱叛主，勿执役”。盟词说：“凡我同盟，有怀二心，以归故主者，必杀之。”①江宁（今南京市）、常州等处“各相仿效，以削鼻为名”②，组织起来进行斗争。

溧阳削鼻党开始向绅富家索取奴仆身契，攻杀那些不还券契的主人。由于奴仆反叛，士绅家一下子就没有了应门的僮奴。因此，削鼻党遭到绅富们的抵抗。巨富史忠杲拥有家僮数百人，首先出来拘责其中加入削鼻党的分子。潘珍闻讯，即率众进攻史宅，掠取资财，将忠杲逮系在县城西寺，加以鞭扑、审问，以打击他的气焰。

这时，南京以南广大地区，南明抗清武装斗争仍很活跃。明高安王常淇保徽州（今安徽歙县），乐安王谊〔议〕石、瑞安王谊〔议〕泐分屯溧阳、金坛、宜兴等县，瑞昌王谊〔议〕漇到处号召抗清。溧阳等地乡绅也就心怀观望，许多人仍同明朝站在一起。在这种情况下，潘茂为加强对抗，企图得到强有力的支持，就赍捧溧阳户口册籍归降清朝。这一行动，虽推动削鼻党的斗争由城市发展到乡

① 于子瞻：《金沙细唾》。
② 据《蓴羹堂集》，周廷英《濑江纪事本末》，《清史资料》第1辑，第141页。

村，但又把奴变和明清之间的斗争纠结在一起，使矛盾变得复杂起来。

一些绅富感到惶惧，向茂等争相献赂。更多绅富仍阴谋反噬，斗争更加激烈、残酷。六月，生员史泽、史太乙暗约史显岳、史锦等在祖侯庙集会，秘密捕获参加削鼻党的奴仆缪端熙、杨三等二十八人，残忍地将他们碎割死在庙内。茂率削鼻党暂避进城。接着溧阳近乡浪洋富室联络余家桥一带为保甲，聚众二千余，妄图破城杀茂。但他们在城郊中伏，被削鼻党乘势砍杀六十余人，余众溃逃。随后，举人彭旭又纠众围城，旭自围东门，县绅周重、周在公、陈硎围南门，史太乙围北门，浪洋兵围西门。金鼓之声响彻昼夜，射中城楼的箭有如猬集。茂、珍驱迫城中各铺户死守，并乘夜缒人出城到南京向清军求救。削鼻党联络来援的百骑清军，击溃围城军，阵诛周重、史太乙、史顺祉等，焚烧彭氏居宅，杀死所遇彭氏故主多人。其后，茂又引另股清军分掠浪洋、戴埠等处，烧庐舍，掳子女，杀伤多人。茂也随清军去。茂走后，削鼻党仍控制着溧阳。珍继续率削鼻党大掠各村落富室，城中富户也纷纷向珍纳银以保平安。当时，新任清朝溧阳知县朱正色曾晓谕解散削鼻党甲兵，珍坚决拒绝。朱正色奉行公事，仍须取得削鼻党同意才行。

茂在南京进行贿赂、关说，以溧阳城守功得授参将札，隶副总兵沈邦亲部。削鼻党增加兵力，扩编新甲。史老住、曹华、陆秀、潘珍也都得官，统率甲兵。闰六月，茂以荣膺清朝武职回溧阳。茂回乡次日，故明副总兵钱国华闻讯，即自广德州廷平（今安徽郎溪）分兵围溧阳。茂用重赂结连钱部任允之为外应，乘虚偷袭，杀国华等，破围城兵。茂在城居中号召，命潘珍、曹华、陆秀和史老住各率本甲兵数百人分守四门，并不断出城掠取富室资财。七月，茂又引清兵千余骑屠杀南山一路百里余无数拒绝降清的居民，血流漂杵，掳掠子女千余人。不久，茂率众掠取埑口等处富户蔡居所等家，杀居所孙，焚毁他的住宅。八月，茂往南京，中途遭到蒋云卿所率长荡湖抗清队伍的伏击，幸而脱险。随后，蒋云卿移兵奇袭溧阳，派细作进城，因事泄致败。这时，潘珍故主彭忱进城参加清朝科举考试，被珍拘捕行杖，囚禁狱中。

九月，蒋云卿于黑夜再次领军偷袭溧阳，被城中发觉后撤退。潘珍率削鼻党人追至冯家桥，立阵桥南，蒋云卿军扼堵桥北。金鼓声、呼喊声震天动地。蒋云卿军直冲桥南。削鼻党兵败走，被搜捕磔死二百余人，史老住、陆秀等牺牲。蒋云卿不久也投降清朝。当时，金坛削鼻班奴变早已被明镇江知府赵某镇压下去。为首叛主者五人被割鼻斩首，将首、鼻悬挂县门，榜示："班名削鼻，鼻削示众。"[①] 于是溧阳县绅、前锦衣指挥史顺震也乘削鼻党在冯

① 于子瞻：《金沙细唾》。冯煦等：民国《金坛县志》卷12之2。

家桥之战中严重受挫之际，向清总兵张尔蟠状告二潘[①]。有些绅士则在南京秘密活动消灭削鼻党。清政府当然也要求维护世仆制度。在清江宁巡按毛九华看来，“溧阳削鼻、珐瑯等党乘机与主人为难，而不逞之徒附之，横行杀掠，遂至十六区无一干净地”[②]。二十四日（11 月 11 日），尔蟠根据毛九华密檄，逮捕潘氏兄弟，“尽收其党凡百余人”[③]。茂、珍被作为首犯解送南京，“余党悉付彭氏，磔死于宜山堂。一说缚置天井，暴雨灌死”[④]。后来茂、珍在南京相继遇害。他们的死，并没有使清朝统治的溧阳社会很快获得“太平”，“据所报，处处有贼，兵到即散，一望皆无人烟，惟见空房四壁，而各贼掳掠如故”[⑤]。

原刊《清代人物传稿》上编第 9 卷，中华书局，1995 年

① 史炳等：嘉庆《溧阳县志》卷 8《武备志附录兵事》。周廷英《濑江纪事本末》记作“副总兵张成功”（《清史资料》第 1 辑，第 156 页），当系一人。

② 《江宁巡按毛九华揭帖（顺治三年正月初十日到）》，《明清史料》丙编，第 6 本。

③ 周廷英：《濑江纪事本末》，《清史资料》第 1 辑，第 156 页。

④ 周廷英：《濑江纪事本末》，《清史资料》第 1 辑，第 157 页。

⑤ 《江宁巡按毛九华揭帖（顺治三年正月初十日到）》，《明清史料》丙编，第 6 本。

宋乞

宋乞，字汝达，徽州府黟县（今属安徽）附郭蔡村人，生年不详，顺治二年（1645 年）九月遇害。他是富家世仆、黟县奴变领袖。

乞出身微贱，先世即为人奴仆。徽州府属歙、休宁、祁门、黟、绩溪（今俱属安徽）、婺源（今属江西）等六县多故家大族，世仆制度极为严格。奴仆即使积资致富，甚至充胥作吏，也仍不能与主人同流。“脱有稍紊主仆之分，始则一人争之，一家争之，一族争之，并通国之人争之，不直不已”①。所以世仆制度成了禁锢奴仆及其子孙的沉重的枷锁。乞虽隶奴籍，但颇多才艺。他为人剽悍机智，平日喜欢介入词讼，抑强扶弱，素为“乡绅之家”嫉

① 赵吉士：康熙《徽州府志》卷 2《舆地志》下《风俗》。

恨和“不快”[①]。他又“膂力过人，善技击，娴骑射”[②]，曾以其材武应募为牙兵数年。

南明弘光元年（1645年）六月，江南州县各起民兵自守，抗拒清兵。明黟县知县张昌亮也率全县绅衿、衣冠之族结忠孝大社，设坛誓众。政治上的动荡，给奴变造成了条件。

宋乞及时利用这种混乱局势，暗地联络全县奴仆说：“以吾辈祖父为役，子孙隶其籍，终不能自脱。天之授我，此其时矣。彼皆孱弱不任干戈，而乘上之急，即欲以逆绳我，无暇也。”[③]这时，黟县又发生另一件大事。万村奴仆万黑九与主人韩氏互相讦告。庭审时，有人搬出“正名分”以压制黑九[④]。黑九不服，夜率奴仆包围韩宅，纵火焚屋，杀主人全家，在近山结寨抵抗，揭开了黟县奴变的序幕。

于是宋乞借募勇捍卫乡土为名，在屏山、奇墅二村武装起事。各村奴仆争先恐后响应，“么么平头奴，相率戕

① 程功：《乙酉纪事》，程汝翼嘉庆《黟县志》卷15《艺文志·国朝文》。
② 江碧：《义烈江伯升（雷）传》，程汝翼嘉庆《黟县志》卷15。
③ 江碧：《义烈江伯升（雷）传》，程汝翼嘉庆《黟县志》卷15。
④ 程功：《乙酉纪事》，程汝翼嘉庆《黟县志》卷15。

其主，纷纷隶宋乞，帖耳听部伍”[①]。乞整编诸奴，随处立寨。他自己为首占领县城，建立东郊寨；朱太为副，据守城隅寨。全县共建三十六寨[②]，“诸寨禀其号令，呼吸相通，捷于影响”。诸奴起事后，首先向主人“挟取其先世及其本身投主卖身文契”[③]。他们要求主奴平等，与主人兄弟相称，甚至让主奴关系来个翻天覆地的变化，倡言：“皇帝已换，家主亦应作仆事我辈矣。”[④]如果主人拒绝纳还身契，他们就焚屋杀人。乞亲率各寨奴军攻破舒氏一村，进行焚杀。以后各寨又对主人施行刑责，活埋一些凶恶而阴谋反噬的主人，如埋生员江完卿一家十七口[⑤]，

①《喜阖邑立江伯升先生(雷)义烈专祠纪事》，程汝翼嘉庆《黟县志》卷16《艺文志·诗》。

② 程汝翼：嘉庆《黟县志》卷1《图表》，《沿革纪事表·二年乙酉》。计六奇称，乙酉四月黟县已发生奴变，“邑之奴仆结十二寨”（《明季南略》卷4《黟县仆变（徽人口述）》，中华书局，1984年，第270页）。时间与寨数都与《县志》不同，恐传闻致误。

③ 程功：《乙酉纪事》，程汝翼嘉庆《黟县志》卷15。

④ 计六奇：《明季南略》卷4《黟县仆变（徽人口述）》，第270页。

⑤ 程功：《乙酉纪事》，程汝翼嘉庆《黟县志》卷15。案：据同书卷6《人物志·忠节·王运午》，江完卿是“同时谋杀贼者”。又案：活埋事，还有文说：“屠杀活埋，不计其数。”（程汝翼嘉庆《黟县志》卷1《沿革纪事表》）或说：“坎地埋千人，燃炬灰百堵。”（《喜阖邑立江伯升先生（雷）义烈专祠纪事》，程汝翼嘉庆《黟县志》卷16《艺文志·诗》）

共杀生监百余。部分主家感到震恐，争相用牛酒到各寨犒劳。乞动员他们出资助饷，劝说："尔今归顺我，方保汝妻子无他也。"[1]

为了壮大力量，乞联络邻县，"宰牛祀天，檄休邑之榆村、泾口、西馆、兰田及祁、歙之密迩渔亭者，登坛共歃，约日共歼大中户"[2]。因此，奴变迅速"延及休宁"[3]。歙县奴仆万太等开始"骚动"，有奴仆"谋应宋乞以构乱"[4]。他的声势大震。他虽没有建立名号，但部属在私下提到他时都称为"吾宋王"[5]。这是明、清两代中最接近于建立政权的一次奴变。

在这种情况下，奴主的反扑也最激烈。刺杀宋乞的事件层出不穷。除江完卿外，南屏叶万四"潜匿厕所，伺乞

① 江碧：《义烈江伯升（雷）传》，程汝翼嘉庆《黟县志》卷15。

② 程鸿诏等：同治《黟县三志》卷6《人物补 · 忠节》。

③ 计六奇：《明季南略》卷4《黟县仆变（徽人口述）》，第270页。

④ 佚名：《思豫述略》，见谢国桢编《明代农民起义史料选编》，福建人民出版社，1981年，第245页。

⑤ 江碧：《义烈江伯升（雷）传》，程汝翼嘉庆《黟县志》卷15。案：程鸿诏等说："逆仆宋乞，自署宋王。"（程鸿诏等同治《黟县三志》卷6《人物补 · 忠节》）此说不见于旧志，恐是引伸，而非事实。

出，突刺之，不中，被害”[①]；珠川王运午，以及城乡各地卢用光、余日章、胡调甫、汪戴先、胡履旋、舒日敬、朱应期、韩登瀛、胡宗鲁、江圣宇、孙宗圣等也都“以欲杀贼捐躯”[②]。反奴变的武装进攻也发生了，县绅汪洪道“曾在祁门集兵”，进攻黟县，“兵少，不克”[③]。

九月，宋乞终于被害。江村江雷、岭下汪京都合谋刺宋。江雷认为，“宋乞不死，祸患不止”[④]。汪京都自请合伙，对江雷说：“知兄有杀乞之志，救众之念，予请从事焉。”又进一步挑动说：“今日不杀乞，微论黟之君子靡有孑遗，祸且延歙、休、祁矣！”[⑤]他们派同伙秘密跟踪宋乞的出入，熟悉他的活动。当时，乞正根据路途远近依次巡阅各寨。江雷计算他的行期，召集同伙中壮汉六、七人，进行布置。次日，乞到江村阅视毕，下令护卫前驱返回驻地，自己与江村奴仆首领又接谈许久而后行。江雷埋伏的奸细在中途拦住他的坐骑，伪装诚恳，邀他到一祠堂憩息、款待。一会儿，江雷布置的壮汉在门外高声闹事。乞不知是计，让部下制止，不听。他亲自到门前呵止，仍然不听。

① 程汝翼：嘉庆《黟县志》卷6，《人物志·忠节·叶力四》。
② 程汝翼：嘉庆《黟县志》卷6，《人物志·忠节·王运午》。
③ 程汝翼：嘉庆《黟县志》卷1，《沿革纪事表·五年戊子》。
④ 程功：《乙酉纪事》，程汝翼：嘉庆《黟县志》卷15。
⑤ 金师濂：《烈士汪曰俞公（京都）序》，程汝翼：嘉庆《黟县志》卷15。

乞指着其中一青年斥责说："汝乃敢忤吾言！"话音刚落，江雷以迅雷不及掩耳之势，从众人中一跃到乞前，挺刀刺乞中胁，口里还喊道："吾为杀汝，特诱汝至耳！"乞忍痛以左臂扼刀，抽右手捶江雷脸。江雷急抽刀刺乞胸，洞穿后背，当场牺牲[①]。一说宋乞护卫很多，江雷埋伏道旁，待乞马到，奋身持刃跃起于马上刺杀，斩首匿藏[②]。一说江雷"独行蓄利斧"，等乞单身路过，江雷故意躬身作揖，乞低头答礼时，斧劈致死[③]。一说乞带甲兵数十，道经东山，富仆郑孙请乞饮茶，汪京都兄弟俩锐身往会。京都见乞，佯揖道："汝达何往？"乞没有来得及回揖，京都已乘隙一枪扎入乞腹，"遂与江雷等立断其首，剖其心，剐其肉，分离其手足，粉碎其头颅"[④]。总之，乞最后惨死在缙绅、奴主之手。

乞被害后，随从散走诸寨，合兵为领袖报仇。江雷自知不能逃脱，在林中自缢而死。次早，朱太率诸奴拥至江村，分解江雷尸体，搜捕汪京都兄弟，加以诛戮。十月，

① 汪有光：《江伯升（雷）传》，程汝翼：嘉庆《黟县志》卷15。
② 程功：《乙酉纪事》，程汝翼嘉庆《黟县志》卷15。
③《喜阖邑立江伯升先生（雷）义烈专祠纪事》，程汝翼嘉庆《黟县志》卷16《艺文志·诗》。
④ 金师濂：《烈士汪曰俞公（京都）序》，程汝翼嘉庆《黟县志》卷15。

清总兵张天禄等领兵招安徽州府属休宁、黟、祁门、婺源各县，授朱太都司职。乡绅抱状向知府、总兵讦告奴变诸领袖，也不受理、查究。顺治三年（1646年）三月初，朱太、林老等奴仆数千人不能忍受恢复世仆制度的政治形势，重新举行起义，包围县城，放炮呐喊。知县张维光羽书告急。初八日，徽宁池太提督张天禄、总兵卜从善率援剿兵到黟县，逮捕寸磔首领朱太、林老、查万起三人，把起义镇压下去。有的奴仆逃走，“窜伏山林，时出剽掠，截杀大户之人，数年不靖”[①]。

奴主不失时机地利用这些血腥，重新奴役诸仆。初八日朱太等被磔，初九日，奴主五和义堂就迫使仆人项住、项粉、项九、项禄、项付、项寿六人立下《戒约》，写道：“立还戒约项粉、项九、项住等自不合乘旧年变乱，叛主立寨，挟响伐木等事，致干法纪。今值清朝国法森严，上司明示概行枭斩，自知理亏，浼邻杨时望、吴积再三哀恳，

① 程功：《乙酉纪事》，程汝翼：嘉庆《黟县志》卷15。案：三年镇压朱太等起义事，前后《府志》记载有不同。赵吉士记：“知县张维光密请救，被祸如舒士武、韩定、程羽仪辈亦赴府申诉，提督张天禄、知府张学圣带兵进剿，诛首逆朱太、林老等，余党悉平。”（程汝翼嘉庆《黟县志》卷1《沿革纪事表·三年丙戌》）夏銮记：“知县张维光被害，知府张学圣带兵讨平之。”（夏銮等道光《徽州府志》卷6之2《武备志·武功》）

求免杀身，愿还戒约。东主婚姻丧祭，新正拜节，照旧服役，以后再不得背主违法。如违，执此赴官陈理，无辞甘罪。今恐无凭，立此戒约存照。”初十日，它又迫使仆人程起、程贵立下内容相同的《还戒约》[1]。奴仆们重新掉进世仆制度的深渊。

原刊《清代人物传稿》上编第9卷，中华书局，1995年

①《五和义堂置产合同簿》，中国社会科学院历史研究所藏。

郭惟秀

郭惟秀，外号猫儿，扬州府江都（今江苏扬州市）人，明万历三十八年（1610年）生，清康熙三十四年（1685年）仍然在世[①]，卒年不详。他是著名口技艺人，擅演隔壁戏，即“象生”。“象生者，效羽毛飞走之属，声音

① 汪懋麟说：“余少时已习闻猫技，自去家先后二十余年，至是归……而猫七十有六矣。”（汪懋麟《百尺梧桐阁集》卷6《杂文·郭猫儿传》）案：《清史列传》《清史稿》所收汪懋麟传，皆甚简略。王士禛作《比部汪蛟门传》（见汪懋麟《百尺梧桐阁遗稿》首）亦不明著懋麟罢归年分。检《百尺梧桐阁遗稿》卷6《甲子》诸诗，知尚供职京师。卷7《乙丑》有《归舟将抵郡郭二首》《抵舍自嘲二首》，知其归田在康熙二十四年（1685年）乙丑也。是年猫儿七十六，据以推出生年。时下论著或谓猫儿康熙、乾隆时人，甚至以其为乾隆、嘉庆时人，皆推测之词，显误。

宛转逼肖，尤工于猫，故扬人号之‘猫’。”[1] 惟秀也以技艺自豪，承认这个外号，于是便以“郭猫儿”著称，真名反而不显。

猫儿在艺术上有很高天赋。他禀性幽默，嗓音清越，擅长歌唱，从小便以诙谐谑浪闻名市肆间。口技是一种非常古老的艺术，是从生产（如狩猎）和生活中发展起来的。猫儿的口技没有任何师承，全靠自己观察、揣摩得来。经过长期练习和反复表演，技艺更加精进，形神兼备，臻于妙境。“扬州明月二分时，处处能歌绛树词。万状千声听不尽，扬州只数郭猫儿。”[2] 至迟在明朝中叶以后，社会上口技的表演稍稍向戏剧靠拢，在京师（今北京市）等地孕育、诞生了一种以鸟喧兽叫、生活琐事等为内容的口

① 汪懋麟：《百尺梧桐阁集》卷 6《杂文 · 郭猫儿传》。
② 李调元：《童山诗集》卷 38《己未（下）》，《弄谱百咏（并序）· 象声》。

技[①]。这种口技由于表演者被用布幔包围起来，与听众隔开，便由最初称为“口戏”，随后又称为“象生”“象声”，而渐渐有了专名，称为“隔壁戏”“暗春”等等。猫儿是大河以南最早表演隔壁戏的艺人之一。

隔壁戏开始时曾用琵琶辅助演出[②]，但很快就被舍弃，单纯把口技部分突出起来。猫儿也善弹琵琶，但同样是独立演奏，并不用于隔壁戏的伴奏。他在成名后，渐为士大夫所赏识。扬州的地方官、缙绅“无不爱近之”[③]。他领

① 现存各种最早的关于隔壁戏的记载，其演出地点皆指明京师，知京师实此技起源要地。如沈德符《敝帚斋余谈·李近楼琵琶》，记京师瞽者李近楼“其声能以一人兼数人”，时间约当明嘉、隆年间。谢肇淛《五杂组》（中华书局，1959 年）卷 12《物部》4，记万历时，“京师有瞽者善弹琵琶，能作百般声音……匿屏帏后作之”（下册第 364—365 页）。这些材料没有明说口戏，仅从行文推知，尚待再考。但沈德符、褚人穫均记有万历年间京师演隔壁戏事（见前引沈德符书同条。又褚人穫《坚瓠广集》卷之 2《口戏》）、金人瑞、林嗣环、钮琇均记明末清初京中、都下的象声之戏（见金人瑞《第五才子书施耐庵水浒传》卷 70《圣叹外书》第 65 回回批。又张潮辑《虞初新志》卷 1，林嗣环《秋声诗自序》。又钮琇《觚賸》，《续编》卷 2《人觚·象声》，上海古籍出版社，1986 年，第 218 页），此则殆无疑义。

② 参上引沈德符《敝帚斋余谈·李近楼琵琶》、谢肇淛《五杂组》。但沈德符记万历年间的演出则“并琵琶不挈”，纯为口戏，特点是广泛利用方言成趣。

③ 东轩主人辑：《述异记》下《口技》。

着弟子张眇，“间与俳优狎客、弹丝吹竹之徒，竞进而杂坐”士绅堂上，“操琵琶以进，拨轴鸣弦，为陈隋间曼声，恍如风雨之夕，怨女弃妇、名娼艳妾啼诉于幽房暗壁”[①]。听众无不深受感动，情涌神驰，难以平静。猫儿也更声名大噪，以致往来扬州的学士大夫、公卿贵人都要争相延请，听他“曲尽其技，罔不极欢大笑而去”[②]。

康熙十九年（1680 年），有一次，他在扬州东轩主人寓所献技。晚上，他坐在席右围屏后，不点灯烛，表演一个关于屠夫醉酒卖肉的节目。经过一段长时间的沉寂，主客屏声静气地等候，突然屏后发出声音，是老、少二人相遇，揖叙寒暄，随后老者邀少者饮酒，少者饮醉辞别，踉跄行路，跌倒在地，被路过的相识蹴踏发现，扶掖还家；从这里开始，直到醉汉被父叫醒，杀猪上市，顾客盈门，买肉买肚，叫嚷吵闹结束。“砉然一声，四坐俱寂”[③]。其中的人声，以屠夫（少者、醉汉）为主，还有他的朋友（老者）、相识、司栅者、邻人（江西人）、妻、父、顾客三人（分别买猪首、腹脏、猪肉者）以上，共十人以上，有男有女，有老有少，有本地人有江西人，他们说话、嚷闹、咒骂、鼾睡以及其他各种活动的声音。此外，群鸡啼

① 汪懋麟：《百尺梧桐阁集》卷 6《杂文 · 郭猫儿传》。
② 汪懋麟：《百尺梧桐阁集》卷 6《杂文 · 郭猫儿传》。
③ 东轩主人辑：《述异记》下《口技》。

鸣、群犬吠叫、群猪哄闹之声掺和其间，纷纭杂乱，而又了然可辨。这些全由猫儿一张嘴完成，令人叫绝。

大约二十四年（1685 年）夏，有一次，他又被诗人汪楫召到扬州蜀冈的平山堂唱曲，座客有诗人汪懋麟等人。歌唱之余，他忽然匿坐屏间表演口技。当时已过正午，他“喔喔作老鸡声”，“而远村之鸡翕然鼓应”，少刻“又为犬吠声，一发而山之群犬皆应”，“于是坐客笑乐，叹以为神”①。

猫儿虽身怀长技，却又“甘守乡里以穷贱老”。他一生似乎未曾外游。曾有官员过扬州时，要收他为家养艺人。“猫叩头请命，欲老死故乡”②。他的儿子“精戏术”③，即擅长变戏法。父子都是曲艺、杂技家流。

原刊《清代人物传稿》上编第 9 卷，中华书局，1995 年

① 汪懋麟：《百尺梧桐阁集》卷 6《杂文 · 郭猫儿传》。
② 汪懋麟：《百尺梧桐阁集》卷 6《杂文 · 郭猫儿传》。
③ 东轩主人辑：《述异记》下《口技》。

史实辨析

关于顺治被炮击毙于厦门事答记者问

问：（1）厦门有传说，说顺治皇帝是被郑成功军炮轰而死的，您怎么看待这种说法？（2）您在给张宗洽先生的回信中，对顺治被炮毙之说提出质疑，您谈到了这种说法存在的两个疑点，能不能请您详细地谈一谈？

答：这两个问题一起回答。

一，史学工作者都喜欢有新史料发现，因为这是史学新问题、新进展的基础。所以张宗洽先生看到新发现的《延平王起义实录》，而且其中有炮毙顺治等新说，就兴奋不已。当他告诉我时，我也很关注。但是，对于任何新史料、历史问题新说，史学工作者另一种习惯的本能的反应，就是怀疑。越是重要的耸人听闻的新说，越要多方面怀疑。陈垣老再三强调："勿信人之言，人实诳汝。"[①] 这是历史研究的一条铁则。说明对史料要审查，去粗取精，去伪存

① 陈智超《〈陈垣史源学杂文〉前言》引陈垣语，人民出版社，1980年，第2页。

真，反复考察并确定它的可信性、可信度。

炮毙顺治说在我头脑中最先浮现的问题，是这样一件大事为什么拖延二百余年才成新闻？当时人怎么不知道？我查了当时郑成功方面两种记载：杨英在郑成功军中，其《先王实录》记述郑军对达素所率清军作战情况，丝毫没有炮毙顺治的蛛丝马迹，记郑成功本人在出兵复台前，谈先年对清作战时，也只说："去年虽胜达虏一阵，伪朝未必遽肯悔战。"[①] 张煌言长期与郑成功并肩作战，有《与张承恩书》，说到达素军"水陆三路，同时覆没"，没有只言片语说到或暗示炮毙顺治，有《上行在陈南北机宜疏》，向永历奏报军事、政治机宜，此时已在顺治死后，疏中提到顺治之死，也没有炮毙的说法[②]。可见当时绝无此说。连当事人都不知道，说明此说不可轻信，必须进一步考察。

二，顺治如被炮毙，则必在达素军中，御驾亲征。我们先探究一下这个问题。

达素南征，始于顺治十六年七月。七月初八日，他奉旨以内大臣挂安南将军印，与固山额真索洪、护军统领赖

① 杨英撰、陈碧笙校注：《先王实录校注》，十四年庚子三月至十月，十五年辛丑正月，福建人民出版社，1981 年，第 225—244 页。

② 张煌言：《张苍水集》，上海古籍出版社，1985 年新 1 版，第 15、21 页。

塔等，率军去江南与进攻南京的郑成功军作战。同时，清廷加调江西提督杨捷、宁夏总兵刘芳名为随征江南左、右路总兵官。所以达素所率以八旗兵为主，并有绿营兵。旨意规定他与江南镇守将军、总督、提督、巡抚等配合。此外，清廷还调发固山额真明安达礼也挂安南将军印，从荆州顺长江而下夹击郑成功军。这些部署说明，清廷对与郑军作战很重视，但并没有大规模征调军队，只是企图加强江南地方军力，以克敌制胜，而不是更重大更广泛的（如御驾亲征之类）军事布局。

此次对郑成功作战，不比顺治初对李自成作战、对张献忠作战以及多铎、博洛、洪承畴在东南沿海作战，还有顺治九年对李定国等作战，顺治十年洪承畴出任五省经略对永历政权作战更严重，甚至未必超过顺治五六年间对江西金声桓、广东李成栋、山西姜瓖等反正军队战争的激烈程度，这历次战争都没有御驾亲征，此次怎么能说存在亲征的形势呢[①]？

果然，达素受命刚半月，七月二十三日，在江南总督

① 咸丰时徐鼒作《小腆纪年附考》，述此二百年前事，称江南清军击败郑军时，顺治“方幸南苑集六师议亲征”（卷15，顺治十六年七月，中华书局，1957年，下册第753页）。案：此时朝命达素南征刚半月，没有新的严重情况发生，不应改变已经决定的应对方略。故徐鼒此说不可靠。即使真有所议，亦不过谈论而已，并非商量、决策。

郎廷佐、驻防将军喀喀木、苏松水师总兵梁化凤等率领下，单靠江南本地守军对郑成功军发起反攻，几天时间就将其打败。二十八日，清军胜利返回南京。这时达素军还没有抵达。达素到江南后，因不及参战建功而自请进征厦门。这就更没有御驾亲征的必要了。

达素进军厦门时，顺治在何处呢？据《清世祖实录》，顺治十六年十一月初九日丙寅，顺治自南苑出西红门校猎，经卢沟桥、沙河、昌平、通州、三河、遵化、滦河等处，过昌平时曾亲奠崇祯陵，遣官致祭明神宗以外诸陵，十二月十二日戊戌还宫[①]。

顺治不在达素军中。他在厦门被炮毙不可信。

三，给张宗洽先生回信，仅就所谓炮毙后的问题略作分析质疑，没有全面辩难，主要希望宗老通过进一步探索，自己改变看法。回信提出质疑有三点（不是两点）。

先据《先王实录》《海上见闻录》的记载，郑军与清军交战在顺治十七年四、五月间，“炮毙”应在此时间内。其后达素率残部回福州[②]。康熙继位在顺治十八年正月。假使“炮毙”属实，则大位虚悬至少七个多月。在任何政

① 《清世祖实录》卷130，顺治十六年十一月丙寅至十二月戊戌。参见同书卷138八，顺治十七年七月辛巳。

② 杨英：《先王实录（校注）》记达素率部回福州为五月二十五日，第239页。阮旻锡：《海上见闻录（定本）》亦系于五月，福建人民出版社，1982年，第43页。

治制度下，这都是非常危险的权力真空，暗藏极端严重的动荡形势。是以古人从来就相信“国不可一日无君”“国不可一日无主”，这是鲜血凝成的经验教训。看看刚过不久发生的事情，就知道这不是危言耸听。崇祯去世后，明室只剩半壁江山，还发生福王、潞王继统之争。弘光朝廷垮台后，唐王在福建、鲁王在浙江争立，靖江王也因窥窃神器自称监国而遭镇压。隆武遇害后，又爆发桂王、唐王争立的战事。永历时已颠沛流离，朝不保夕，依然有韩王被拥立，楚王裔容藩僭位监国经讨伐才平息下去。山河破碎，大位虚悬仍引发这么多争夺，可以看出政治上孕育的危险。清室自身的历史同样证明这一点。顺治父清太宗皇太极猝逝，其异母弟多尔衮、长子豪格争立，矛盾尖锐、激烈，几乎酿成内讧。此事刚过去十余年，许多人可能记忆犹新，能让它再现吗？七个多月说来不是短时间，什么事都可以冒出地面。顺治祖、父两代子孙繁衍，人数众盛，有争夺帝位实力的安亲王岳乐（努尔哈赤孙、多罗饶馀郡王阿巴泰子）、康亲王杰书（礼亲王代善孙）和其他有野心的宗室，有可能跃跃欲试，并且足以利用这么长的权力真空兴风作浪，特别是当时在皇位继承上仍只有军事民主制，由八旗诸王、贝勒推选继承人的情况下，更是如此。因此，顺治被“炮毙”，帝位长时间虚悬，是完全不可想象的。

四，我在给张宗老回信中所提第二点质疑是，《清世祖实录》记载，顺治十七年五月以后（此时说顺治被“炮毙”了），他还有许多活动，有的是公开活动，众目睽睽，不能目为捏造。

其最公开的活动，在顺治十七年六月初九日壬辰，顺治决定亲自祈雨，两次颁谕，十三日丙申，亲率诸王、文武群臣素服步行至南郊斋宿，至十五日戊戌，又在圜丘祀天[①]。顺治十七年八月十九日壬寅，董鄂妃死，顺治追封她为皇后，谥号十二字，清制皇帝、皇太后丧期蓝笔批本以二十七天为限，皇后之丧无蓝笔批本之制，董鄂妃死后顺治蓝笔批本至当年底[②]，过情僭越，完全表现顺治个人的偏私溺爱。联系体现皇太后意旨的顺治遗诏，其中所说“端敬皇后……丧祭典礼过从优厚，不能以礼止情，诸事逾滥不经，是朕之罪一也”等话来看[③]，益信非顺治自为，董鄂妃丧祭逾制绝不至此。

如果顺治在厦门被炮毙，这些事情怎么解释？

五，我的第三点质疑，是针对所谓清廷报复说的，即

① 《清世祖实录》卷 136，顺治十七年六月壬辰；卷 137，顺治十七年六月丙申、戊戌。

② 参看孟森《清世祖董鄂妃生死特殊典礼（附商鸿逵赘言）》，《明清史论著集刊续编》，中华书局，1986 年，第 178—187 页。文中引述存世为董鄂妃治丧期间蓝笔批本多件。

③ 《清世祖实录》卷 144，顺治十八年正月丁巳。端敬皇后即董鄂妃。

清廷为报复炮毙顺治而诛郑芝龙，则郑芝龙被杀以肯定炮毙顺治属实为前提。我认为此说牵强。按理说，如果报复炮毙，则杀死郑芝龙刻不容缓，才可稍泄心头之恨，符合报复心理。实际上，从宁古塔将郑芝龙押解回北京已迟至顺治十八年春①，按谋叛律将其族诛更拖延逾半年，在十八年冬十月②。这像对“炮毙”进行报复吗？让郑芝龙多活将近一年半是出于什么心理呢？显然，清廷杀郑芝龙有自己的政治原因，在此不具论，这里只指出，单从时间上看，它就与所谓炮毙顺治联系不上。炮毙说从杀害郑芝龙找不到支持点。

综合各点便应得出结论：炮毙顺治，并无其事，纯系无稽之谈，不可据为史实。

问：当时清兵征讨郑成功，兵力上是占有优势的。然而，清军竟很快败退，有人猜测是因为在征讨中顺治被郑成功炮轰而死，清兵内部大乱，所以才败退，您怎么看待这种说法？如果不同意这种说法，那么您认为清兵败退的主要原因是什么？

答：我既判定炮毙顺治为子虚乌有，达素所率清军失败当然另有原因。你说清军兵力占有优势，这个问题我没

① 参看张玉兴《郑芝龙史事补证二则》，《明清史探索》，辽海出版社，2004 年，第 372—377 页。
② 《清圣祖实录》卷 5，顺治十八年十月己酉。

有研究，我有些怀疑，须另作研究。达素所统清军主力为八旗兵，尤其是上三旗侍卫处亲军。达素为镶黄旗人，赖塔为正白旗人，都属上三旗，“其兵……为虾营，即御军也。满洲人以近王者为虾，最贵，供帐加数倍”①。这是八旗精锐。但八旗兵长于骑兵作战，骑兵是中世纪最剽悍的作战部队。不过骑兵在开阔的平原作战能展其所长，进到福建沿海丘陵山地就是另一回事了，近海舟船作战更加局限，人在船上经不起浪涛颠簸，站都站不稳。因此，山地丘陵，尽失地利，近海水战，尤非所长，是达素等所率清军迅速失败的主要原因。清人官私记载都承认这一点。“赖塔同都统索浑剿贼厦门，官军不习水战，失利”②。“满洲将军达素总统八旗兵马，往漳州下海征国姓。我军不谙水务，大败”③。“北人不谙水性，眩晕颠仆，呕逆，不成军，遂大败，僵尸满海”④。这是很有代表性的说法。我认为是符合实际的。

问：清正史上只说，达素兵败回京，对其生死并未

① 海外散人：《榕城纪闻》，《清史资料》第 1 辑，中华书局，1980 年，第 13 页。
② 《清史列传》卷 7《大臣画一传档正编》4《赖塔传》，中华书局标点本，1987 年，第 2 册第 453 页。
③ 陈鸿：《清初莆变小乘》，《清史资料》第 1 辑，第 79 页。
④ 徐鼒：《小腆纪年附考》卷 20，清世祖顺治十七年五月甲子，下册第 758 页。

提及。而两部和郑成功相关的史籍都称，达素兵败畏罪自杀。为什么达素生死在和郑成功有关的史料中都有详细的记载，但是清史却只字未提？

答：你提的这个问题不完全确切。关于达素兵败后的生死，郑成功方面或者说南明方面的史籍说法不尽相同。最权威的《先王实录》依据郑成功得到的情报，记载：顺治十七年“十月……达素回京”，没有说他自杀[①]。只有《海上见闻录》等书说：“十月，清吊达素回京问罪，达素在省吞金而死。满兵回京……”[②]认为达素在福州畏罪自杀。清朝史籍对达素的结局记载完备，存在异说，并非只字不提。《清史列传》说，康熙继位，“命达素率兵还京，仍任内大臣。康熙八年，领侍卫内大臣鳌拜获罪，达素旧为鳌拜引用，坐黜罢。寻仍复世职。及卒，以其子达禧袭”[③]。《八旗通志（初集）》说江南守军虽破走郑成功军，“然海氛未靖，达素仍驻兵江南……多方招徕。十八年七月，郑逆伪都督万仪、万禄等……渡海投诚。达素

①《先王实录校注》，永历十四年庚子十月，第242页。

②阮旻锡：《海上见闻录（定本）》，第43页。

③《清史列传》卷5《大臣画一传档正编》2《达素传》，第2册第295页。案：达素世职只袭一次，且在康熙三年，实即回京革职后（鄂尔泰等《八旗通志（初集）》卷83《世职表》1《镶黄旗满洲世职》上，东北师范大学出版社，1985年，第3册第1708页）。恢复世职亦非事实。

具疏奏闻，下部议叙。寻以水土不习，病卒于军”[①]。两书记载截然不同。《清实录》能印证一部分重要史实：查《清圣祖实录》，顺治十八年闰七月，清廷确接到“安南将军内大臣达素疏报”，万仪等“识时向化”，“著从优议叙”[②]。康熙八年五月，康亲王杰书等“遵旨勘问鳌拜罪款”，其中“擅授败阵革职达素等原职，罪二十一”。建议：“达素等系鳌拜擅授之官，应革去，鞭一百，披甲当差。”康熙审核后，决定此项处置“依议”[③]。综合研究各种记载，可知达素奉旨南征始末，他在江南没有打仗，进征福建则败阵。败后作顺治十七年十月他率残部离福州回京有误，实际上他并未立刻回京，因为清廷没有将他召回，自己也力图广事招降，立功赎罪。所以顺治十八年七月他

① 鄂尔泰等：《八旗通志（初集）》卷 144《名臣列传》4《镶黄旗满洲世职大臣》4《达素传》，第 6 册第 3747 页。案：此书达素本传完全不提他进征福建的事，虽达素在此役折戟，成为一生转折点，也像从来无此经历。赖塔传亦然（卷 152《名臣列传》12《正白旗满洲世职大臣》1《赖塔传》，第 3867 页）。但此役毕竟是大事，涉及的人多，索浑（洪）传还是说：“康熙元年，以同内大臣达素征福建，获罪革职。”（卷 161《名臣列传》21《镶白旗满洲世职内大臣》3《索浑传》，第 4017 页）此书还是承认有达素征福建的事。咸丰时徐鼒追叙其事，采自杀说，谓“达素自杀于福州”（《小腆纪年附考》卷 20，下册第 759 页），实缺乏深考。

② 《清圣祖实录》卷 4，顺治十八年闰七月癸未。

③ 《清圣祖实录》卷 29，康熙八年五月庚申。

还从外地疏报招抚的成果。但终因败绩太严重，“兵大败，阵亡之外俱截手足归，虾营去大半”[1]。他回京后还是遭到革职。辅政大臣鳌拜却以同旗（鳌拜与达素同属镶黄旗满洲）亲信，擅自给他复职，以致在清算鳌拜罪行时，累他年已老大[2]，还受一百鞭刑，罚充兵役。这个过程说明，达素畏罪自杀，并无其事。说他畏罪自杀是不郑重的。

问：您怎么看待顺治出家五台山这种说法？

答：这是一个由两位史学大师孟森、陈垣解决了的问题。孟森认为顺治媚佛有据，出家非实。他排比史料，重新笺释吴伟业《清凉山赞佛诗》等诗，论定顺治最终在宫廷死于痘，实即天花，没有在五台山出家[3]。陈垣从几种佛教史籍、外国史籍中找到具体可靠的新史料，做了更深入、细致的研究，揭示顺治曾请僧人剃度，经劝阻后才又蓄发。根据这种情况，认为：“一般传说之顺治出家问题，如认其果有其事，固属不可，若谓其绝无根据，似亦不妥。”因此，他的最终结论是：“顺治实曾有意出家，只是

① 海外散人：《榕城纪闻》，《清史资料》第1辑，第15页。
② 据《清史列传》卷5《大臣画一传档正编》2《达素传》云：天聪五年从皇太极征明（第2册第294页）。这是达素在清（后金）军中第一次重大军事活动，假定当年二十岁，则到康熙八年受鞭笞肉刑时已五十八岁。
③ 孟森：《世祖出家事考实》，《明清史论著集刊正续编》，河北教育出版社，2000年，第227—263页。

出家未遂耳。”[①] 自孟、陈二文出，特别是陈文出，此事即定论，无人再作文提出新说。

问：您怎么看待顺治死于天花这种说法？您认为天花说有没有也同样存在疑点？

答：在我看来，顺治死于天花说并非周全完美、无懈可击。天花在传染病学上被认为是“一种烈性传染病，临床表现为严重的全身中毒症状及成批依次出现的斑疹、丘疹、疱疹和脓疱，最后结痂、脱痂和遗留痘疤。本病传染性极强，病情重、病死率高”[②]。但据记载，顺治自十八年正月初二日开始出现症状，似乎并不严重，当日还去悯忠寺，看太监吴良辅剃度出家，初三日召大臣王熙入内谈话，初六日又召王熙至榻前面授诏书，除僧人玉林琇初四日听内侍说顺治表现不安之甚外，整个病程并没有进入高危状态，然而他却在初六、初七日之间深夜去世，病程只

① 陈垣：《顺治皇帝出家》，《陈垣学术论文集》第 1 集，中华书局，1980 年，第 533—535 页。
② 李梦东等主编：《实用传染病学》，人民卫生出版社，2004 年第 3 版，第 320—321 页。

有五天。这与天花染患发展规律不甚符合[①]。因此，长期以来仍有人著文质疑，并有顺治之死的异说流传。但限于史料不足，很难作更深入的澄清。相对说，顺治死于天花说有几种权威记载支持，其疑点也不至硬伤[②]，所以一般还采取此说。这是需要说明的。

2005年3月初草定，因面谈而未发出，4月22日增补讫

原刊《史苑》总第10期，2005年

① 还应想到顺治得病时正值青年，抵抗力较强，不像孩童脆弱易夭折。我怀疑董鄂妃之丧，使顺治勘破世情，万念俱灰。出家未遂，心灵空虚问题没有解决，染患天花后，陷于绝望，几天后即自杀。但这完全是推论，因他没有致死症状而产生的联想。特别是口授诏书当天入夜后即去世，更加深我的联想。当然，史事不能由推论建立，故不足为据。附记于此，留备研究、思考。

② 医学书上一般都是描写其典型症状，不能完全包括一些特例。因此，不能排除顺治的症状表现属于一种例外状况。

明清的使君称呼

——读《中国历代官制大辞典》商榷（一）

一

中国历代职官制度，自被邓恭三师将其与年代学、地理学、目录学一并概括为开启史学之门的四把钥匙，其重要性已得到充分强调。许多研究者在四把钥匙论指引下，从思想上重视这些基础工具的专门学问，抓紧学习、补课，研究水平得以提高。也有注意不够的种种表现。举例说，有人写文章，讲述嘉靖时礼科右给事中某为当路者所恶，“所贬黜”，外放知太平府。文章作者显然不知道右给事中是从七品，而知府是正四品，右给事中外放知府是升迁，不是贬黜，给事中、御史外放，多采这一模式。但其中也有不正常处，因为给事中是言官，所以这是在正常调动的掩护下将当事人排斥出言路的行为。文章作者并不以我的理解为然。我也不能强加于人。再举一例：古籍整理是一份很不轻松的工作。清初人程康庄曾撰《重刻安雅堂文集》，点校者标点其序中语句云：“予王父司空公，任山左臬宪副大参、廉宪左右辖垂十年。”点校者为什么不把这里一并提出的四种官职都用顿号隔开，而让宪副与大参，廉宪与左右辖相联结？我想点校者可能没有明白宪副即按察司副使（正四品），大参即布政司参政（从二品），廉宪即按察使（正三品），左右辖即左右布政使（从二品）。不掌握职官制度这把钥匙，古史研究、古籍整理的门槛就跨越不过去，工作成果中会毫不容情地留下当事人知识缺陷的印痕。

我的一些同事和前同事邀约同好，编纂一部《中国历代官制大辞典》。感承不弃，以一册惠赠。全书共计收词 21659 条、266 万字，“收词时限，上起先秦，下讫清亡，内容包括历代中央、地方的官名、官署名，包括主要的别称、俗称、简称、合称等，以及与官制有关的各项制度（如选举、考核、封爵、俸禄、服饰、印信、文书等）中的主要词语和常见的官场用语。对历代农民政权和周边各族政权的官名、官署名亦择要收录”。我经过日常使用、查阅，深感这是一本好书，是我所知道的迄今为止分量最大、条目最完备、释义最详实的中国历代官制大辞典、工具书。“司马”这一词条，其释义竟达 15 项，将司马从殷周开始历代设置、废弃、演变的诸多情况，包括作为中枢拥有实际大权的高官，到明清成为府同知、通判的别称，进行了梳理，写为释义，令我深感惊讶。更难得的是，分量虽大但不掺水分，条目中除规范的官名外，收录了许多不完全确切但广泛通用的官名的别称、尊称、俗称、简称等，而这些是令学习、研究者更为头痛的官制词语，在本书中引起高度重视，得到广泛收录、比较详尽的解释，也令我异常欣喜。良好的科学内容，使《中国历代官制大辞典》成为学习和研究历史的一把得心应手的金钥匙，一个陪伴终身的可信赖的好朋友，一种进一步充实职官制度知识的好教材。

这并不是说，此书没有缺点、没有错误、没有疏漏。我认为有些问题反映出我们的研究薄弱。应该加强研究、讨论，以便修订、充实、改善，精益求精，保持和加强它的科学的生命力。我现在以词条“使君”为例进行讨论。

二

“使君”是一个很多人都知道的词，原因是它不仅见于史籍，而且见于传布广泛、深入民众的小说《三国演义》，使君一词应如何解释呢？《中国历代官制大辞典》释义全文云：

使君　（一）奉命出使者尊称。（二）汉朝对州刺史之尊称。三国、晋朝沿用，用以对州郡长官之尊称。《三国志·蜀志·先主传》:“曹公从容谓先主曰:‘今天下英雄,唯使君与操耳。’”按刘备时为豫州牧。后世因之。

这里释义文字不大好。所引曹、刘对白,是汉献帝时的事。“后世因之”是照应前面说的魏晋沿用呢?还是魏晋以后继续用作刺史尊称呢?不甚清楚。但明清不设刺史,使君一词不仅没有废弃,相反,作为称呼使用频率更高。它用于称呼什么人呢?有的学者说,称呼与刺史约略相当的知府。其实从管辖的地域面积、职权说,明清知府与汉魏刺史都不相当。明清知府确实被尊称为使君,但释义如限定知府或州郡长官,则并不完全。我留意明清使君的用法,已经很多年了,碰到有关材料就记在一个小作业本上,曾就这些材料给一位前辈学者写过一封使君问题的信。此后已记不清这个小作业本搁在什么地方,或有可能几次搬家弄丢了、毁坏了,总之不知去向,现在重新谈论此一词义,完全是临渴掘井,写成“急就章”。翻检诸书,仍找到多种官员称使君的材料。因为急就,可能不完整、不确切,希望大雅高明有以正之。

现将有关材料拣选、排比,分述于次:

(一)知县(正七品)可被称为使君

陈子龙有七律《挽莱阳宋五河使君》,依据所附考证,此位使君即“宋琮,字宗玉,号五河”,“崇祯元年进士,知祥符，有治声”[①]。

（二）巡按御史（正七品）可称使君

阮大铖有七律二首，题为《温直指澄虚不见枉以书代讯赋答》，诗中有句云：“故人合避使君骢。”[②]故人是阮大铖自指，使君是阮称呼温。直指即御史。什么御史？经查考，温澄虚果有其人，名国奇，字仲庸，号澄虚，万历四十四年（1615年）进士，江西宁都军籍，天启时曾擢任江南巡按御史，复命后又调甘肃巡按御史，曾疏劾权阉魏忠贤[③]。巡按本为代天子巡狩，称使君应极自然。

（三）推官（正七品）可称使君

毛奇龄有《寄祝湘潭沈使君（八十）》七绝二首，诗中有句云“法曹曾使在吴门（使君曾为苏州推官）”[④]。经查，此沈使君为沈以曦，顺治三年（1646年）四月任苏州推官。但他不是湘潭人，是临湘人[⑤]。

魏耕有七律《人日有忆岳州司李钱使君》，司李即推

①《陈子龙诗集》卷12《七言律诗》，上海古籍出版社，1983年，下册第50页。

② 阮大铖：《咏怀堂诗外集》乙部，《咏怀堂诗集》，黄山书社，2006年，第277页。

③ 杨廷驯：乾隆《宁都县志》卷6《人物》，《贤达·温国奇》。

④ 毛奇龄：《西河文集·七言绝句》五，《西河合集》，万有文库本，第11册第2507页。

⑤ 冯桂芬：同治《苏州府志》卷55，《职官》。籍贯与《明清进士题名碑录索引》同，从之。

官，推官可称使君，标题上就完全表现出来了。考钱使君也是实实在在的历史人物，应即岳州府理刑推官钱捷，浙江象山人，顺治九年进士，其任岳州推官时间不早于十年，卸任时间不晚于十八年[①]。

（四）都转运盐判官（从六品）可称使君

钱谦益于崇祯十一年作诗，题为《中秋夜饯冯尔赓使君于城西方阁老园池……》计五古八章。在《其八》中，作者有小注称："冯赴山东盐运判官。"[②]钱为冯设盛宴饯行，则盐运判官可称使君殆无可疑。

（五）知州（从五品）可称使君

宋琬有七律《赠赵州守孔觉所》，一开始就说："使君五马玉为珂。"[③]经查，赵州知州在清初有孔闻训，顺治五年（1648 年）任[④]，应即其人。

（六）府同知（正五品）

宋琬另有七律二首《赠纪子湘郡丞》。丞是副长官，

① 谢仲坃：乾隆《岳州府志》卷 19《秩官志 · 郡佐》，《国朝岳州府理刑推官（凡四人）》。钱捷为第三任。魏耕忆钱使君诗，在其《雪翁诗集》卷 10《七言律》，浙江古籍出版社，1985 年，第 152 页。

② 钱谦益：《牧斋初学集》卷 14《试帖诗集》下，上海古籍出版社，1985 年，上册第 496、501 页。

③《安雅堂诗 · 七言律》，《宋琬全集》，齐鲁书社，2003 年，第 271 页。

④ 王景美：光绪《直隶赵州志》卷 5《官师表》，《知州 · 国朝》。

府丞应为知府副手。但明清于省、府、州都不设丞，其长官副手在府、州都名同知。诗起首二句道："佐郡彭城领上游，使君丰采大苏流。"[①] 检方志，纪子湘确有其人。此人姓纪，名元，字季恺，子湘其号，顺治十二年（1655年）进士，康熙七年（1668年）晋升徐属河务同知。清廷规定，"凡同知秩正五品，通判正六品"[②]。此时他成为正五品官员。

（七）参议（从四品）可称使君

施闰章有七古《临江仲夏有怀荔枝之美因寄吴福州圣水刘都使润伯》，中有句云"为语陈使君（陈少参阶六）"[③]，少参即布政使司参议[④]，参议明显可称使君。

（八）知府（正四品）可称使君

施闰章有七古《临江太守行（美高使君也，名培，蕲

① 《安雅堂未刻稿》卷4《七言律诗》，《宋琬全集》，第528页。

② 刘庠等：同治《徐州府志》卷6下《职官表》，《徐属河务同知》栏。

③ 施闰章：《施愚山诗集》卷18《七言书》4，《施愚山集》，黄山书社，1993年，第2册第339页。

④ 施闰章迁江西布政使司参议，人即称之为施少参（如毛奇龄《西河文集》，《排律》5《夜饮施少参邸舍同诸征士作》等，见《西河合集》）。

州人）》[①]。高培因治绩良好而被临江府列为名宦[②]。后来他又调任台州知府，这是三藩之乱前后的事。施闰章继续称之为使君。施闰章有五古《得台州高太守尚孚书……》，中有“使君一何健”句[③]，使君明显指高知府可证。

毛奇龄有多首古体赋赠何使君，《雪中集梅庄主人何使君邸第有赠》指何使君是“会稽太守”，《何使君寿》更明确说出他为“庐江夫子越州守”，《读何使君夫子〈渡曹娥江哭父〉卷子书后》仍说“庐江之后来山阴”，《奉谢何使君夫子有感》继续点出“庐江太宰何敬容”“使君千骑方騣騣”等[④]。其中庐江代表主人为何姓（庐江是何姓的郡望），“会稽太守”“越州守”以及“山阴”都明示为绍兴知府。《绍兴府志》一索即得：此人即康熙十四年上任的绍兴知府何源浚，《职官志》简介，《人物志》有传。因

① 施闰章：《施愚山诗集》卷19《七言古》5，《施愚山集》第2册第360页。

② 朱孙诒等：同治《临江府志》卷18《名宦传》下，《高培》。

③ 施闰章：《施愚山诗集》卷12《五言古》10，《施愚山集》第2册第218页。同卷有同体诗《高尚孚使君送别江口……》亦可证。案，方志载：“高培，字尚孚，蕲州人，生员，升温处道。”（喻长霖：民国《台州府志》卷10《职官表》2《知府》栏）

④ 依次见毛奇龄：《西河文集》，《七言古诗》12，《西河合集》第12册第2768、2770、2774页，并《七言古诗》15，同册第2782页。

知源浚字梅符，淮安山阳人，素负文望，应诏入史馆修实录，累迁知绍兴府，宽严互济，治绩卓著，入《名宦》[①]。

（九）按察司副使（正四品）可称使君

毛奇龄作七古《客吴门喜遇金副使巡驿感赠》，有云“江南副史〔使〕早行部，正当乘传来吴阊……使君双旆移文楼……”[②]。明制“副使、佥事，分道巡察”[③]，清初因袭下来。金副使正执行此项职能。实际上江南按察使司不设副使，金副使实为驿传盐法道，副使是其系衔。

（十）都转运盐使（从三品）可称使君

陈子龙有七律《赠转运崔使君》[④]，又有文《崔霍童（竺庵草）序》称霍童“尊人转运两浙”，他才“得与霍童游”[⑤]。尽管《浙江通志·职官》不著其人，但也不妨碍陈子龙诗题所表明的运盐使可称使君的作用。

（十一）参政（从三品）可称使君

毛奇龄《蛮司合志》二，纪贵州水西安氏。自奢香

① 平恕等：乾隆《绍兴府志》卷26《职官志》；卷45《人物志》5《名宦》。

② 毛奇龄：《西河文集》，《七言古诗》12，《西河合集》第12册第2773页。

③《明史》卷75《职官》，中华书局标点本，第6册第1840页。

④《陈子龙诗集》卷13《七言律诗》，下册第416页。

⑤ 陈子龙：《陈忠裕全集》卷8《序》（《陈子龙文集》，华东师范大学出版社，1988年影印本，上册第426页）。

死，其弟安匀、孙安贵荣先后承袭其宣慰使职位，但骄蹇不受节制，不奉调遣，有事非邀重赏不愿从征。正德年间，安贵荣因功加贵州布政司参政，还不满足，“乞减龙场诸驿以偿其功”。此时他所敬重的学问家王守仁，正从兵部主事贬为龙场驿丞，便写信规劝。信中一再称贵荣为使君，说“夫使君之先，亦何尝有积功累行，可长斯土”，“今复干进不已”，“今参政，则流官矣”，万一朝廷震怒，“下方尺之檄”，“龙场诸驿非使君所有也”①。

清初，浙江等省设粮储道（漕储道）专管粮运，最早以参政、参议系衔。冯景有七律《人日粮储大参何公招游西湖竟日同淮阴杜湘草大梁周雪客以舫名春浮分韵二首》，有句云“使君好客无时倦”②。大参指以参政系衔，使君明指何公。

（十二）学政（品秩不统一），可称使君

学政是一种差使，清廷很重视其人的科举、德行。虽选拔前后有变，大体上始终从三类人中取材：一类从监察系统选取进士出身的御史等，顺天学政的拔擢一开始就是

① 毛奇龄：《西河文集》，《蛮司合志》2，《西河合集》第 8 册第 1789—1790 页。

② 冯景：《解春集诗钞》卷 1《诗六十四首（时丙子年暮读书中竿园夏初秀水方伯固邀入幕作）》。参看沈翼机等：雍正《浙江通志》卷 120《职官》10《国朝官制·承宣布政使司》。

这样做的：二类从行政系统选取京堂属员和道府长官中良材，带按察司佥事衔；三类从翰詹人员简拔清华之士。这些人员都以原官品秩赴学政任。毛奇龄有七绝二首《寄田使君督学按部云间》[1]。康熙十九年（1680年）六月，“以户部郎中田雯为江南按察使司佥事提调学政”[2]。毛奇龄所称田使君即田雯，原官郎中正五品，与系衔佥事品级相同。雍正、乾隆对学政制度有所改革，因手头无此时期使君资料，故从略。

（十三）税关监督（品秩不统一）可称使君

税关监督也是差使，即税使。“顺治初，定各省关税，专差户部司员督征”[3]。这大约属于一般情形。当行专家对此有所补充：京师崇文门设正、副监督，左、右翼各设监督，由内务府和六部尚书、侍郎兼充；常关各设监督一人，除从户部司员遴选派充外，还有他途，即部臣题请简派、户部外其他各部司员选充、地方官兼辖[4]。他们都以

① 毛奇龄：《西河文集·七言绝句》6，《西河合集》第11册第2511页。

② 《清圣祖实录》卷90，康熙十九年六月戊辰，中华书局，1985年。

③ 《清史稿》卷125《食货》，中华书局标点本，第13册第3673页。

④ 参看刘子扬：《清代地方官制考》，紫禁城出版社，1988年，第449页。

原官品级奉差，按期瓜代。魏耕有七律《代上浒墅关部使君二首》[①]，没有提供姓名，但属部员选充，表明关差头目可称使君。

（十四）分守道可称使君

分守、分巡诸道，明朝始创，清朝继承、发展。在明和清初稍逾百年内，诸道只是差使，是因需要而派出的布、按二司，管辖地域、职权范围也多变化，皆视形势而定。也没有统一的品秩，其品秩就由此差时原官或改衔而定。系衔有参政、按察副使、参议、佥事之不一，品秩也就有从三、正四、从四、正五品之异。到乾隆十八年（1753年），清廷革去诸道系衔，统一诸道为正四品，诸道也完成由派出差使到常设机构的变化。

顺治末，施闰章迁江西布政使司参议分守湖西道，有强悍者联为堡寨，匿逃抗粮，本拟征剿，闰章耐心理谕，作《劝民急公歌》进行教导，闻者涕泣感动道："施使君今之元道州也！"[②] 以唐人元结喻之。孙枝蔚也有《读〈梦愚堂记〉长歌赠施尚白使君》《喜梅耦长至次施尚白使君

① 魏耕：《雪翁诗集》卷10《七言律》，第141页。
② 汤斌：《翰林院侍读前朝议大夫愚山施公墓志铭》，见《施愚山集》附录，第4册第234页。

韵》等诗称其为施尚白使君[①]。尚白，闰章字。

（十五）分巡道可称使君

魏耕有七律《春游别墅简怀河南宪副沈使君荃……》[②]。宪副即按察司副使。顺治十三年（1656年）四月，“补外职编修沈荃为河南按察使司副使分巡大梁道”[③]。

孙枝蔚有七律《赠刘介庵使君（时分巡淮徐道）》[④]，诗题、诗注鲜明表示分巡道可称使君之意。

诸道改革后虽为常设，仍以使君称。钱林有七绝《岁暮偶为绝句贻诸游好》，其中有写其同年林培厚的一首云：“无琴无鹤使君廉，迁职三朝足办严。叉手上车成一笑，尚颈猪鼻载牙签（林同年培厚守天津，迁为大明道，载书而行）。”[⑤]诗注中“大明道”显为“大名道”讹写，实即直隶分巡大名道。钱林称林培厚为同年，因钱林、林培厚都是嘉庆十三年戊辰科二甲进士，此诗为甲申冬乙酉所

① 孙枝蔚：《溉堂续集》卷6《戊午七言古诗》，《溉堂集》中册第911页；《溉堂后集》卷1《己未五言律诗》，下册第1258页。

② 魏耕：《雪翁诗集》卷10《七言律》，第158页。

③《清世祖实录》卷100，顺治十三年四月癸酉，中华书局，1985年。

④ 孙枝蔚：《溉堂后集》卷4《壬戌七言律诗》，《溉堂集》下册，第1419页。

⑤ 钱林：《玉山草堂续集》卷4《蕙露松烟兰风桂月轩吟稿（甲申冬乙酉）》，《岁暮偶为绝句贻诸游好》。

写，应为道光四年（1829年）冬开始创作，仍用“使君”称呼巡道。

（十六）奉赐敕印联络江上义师（无品级）可称使君

钱谦益有七律四首《寄怀岭外四君》，第一首即怀“金道隐使君”[①]。金道隐即金堡，字卫公，别字道隐。谦益此诗四首，寄怀四人，除瞿式耜孙瞿昌文未仕（永历三年十月，永历帝曾赐昌文中书舍人，谦益似因道远不闻）作留守孙外，其他二人都称官衔，独金堡称使君。使君指他何官职？金堡举进士后曾知临清州，但时在崇祯年间，过早。隆武时，明廷授以兵科给事中，堡因服丧辞，请赐敕印联络江上义师，成为隆武朝赴浙江监国鲁王处的专使。虽几乎被冤死，但比起后来在永历朝官止工科左给事中，又卷入党争被杖成残疾，做隆武帝专使，自然是金堡更称心的事。谦益用使君一词，显然是反复斟酌过的。临时差使，也没有品级。

（十七）戏剧中官员也可称使君

钱谦益有七古《甲午仲冬六日吴门舟中夜饮饮罢放歌为朱生维章六十称寿》。朱维章是演员。谦益长歌描摹其俳优调笑之事。中有句云：“何妨使君呼八驺，跨坊绿帻

① 钱谦益：《牧斋有学集》卷4《绛云余烬集》（一）（起辛卯尽一年），下册第165页。

戴红兜。”[1] 此使君应指剧中官员，所述似为地方官出巡的威风张扬的场景。

三

第二节的实例说明，使君一词使用范围很广泛。从汉朝作为刺史的尊称应用以后，到明清，大体上它成了上自从三品、下至正七品地方官员的尊称。这是从已有证据中所得印象。这个印象是初步的，还可以研究。在这个品级范围内的地方官员，既可以是首脑，也可以是辅佐，都被称为使君，不像汉朝只有州首脑刺史才能称为使君。

从汉到明清使君一词的演变说明，这一类职官的尊称具有历史性。它们是在历史上产生的，有发展、变化，也有被废弃之一日。使君一词从汉刺史专用到明清广泛使用，明确地表现出具有历史性的特点。它还具有浓厚的媚俗性，取悦对方。如使君本是刺史的尊称，日子长了，逐渐被用为略低于刺史的官员，以后越来越用为更低的官员。这是这类尊称发展的趋势。但这种向下扩展的趋势也不是随意的，不能胡来，而是依据某种共同点、某种联系。也就是说，这种尊称与其最初使用者的官职、扩展使

① 钱谦益：《牧斋有学集》卷 5《敬他老人诗集》，上册第 223—224 页。

用者的官职，有最重要的共同点。使君一词有一切出使者尊称的含义。刺史作为地方官有被派驻地方代天子治理的意思，以此尊称使君。明清的扩展都是循同一的路线，地方官是他们最重要的共同点，故只用于地方官（或出差地方者）。扩展也有限度，资格不能太低，太低则滥，有被误会为嘲弄的危险。所以县以下县丞、教谕、典史等不见有人尊称使君。资格太高也不行，用于资格很高的地方或派出人员就不是尊称而成为贬称了。明末阮大铖与沧州王公弼关系密切，当公弼官江南等处时，阮大铖一直以王梅和使君称之。一当公弼拥有右布政使衔，大铖即改称王方伯梅和[①]。此例似较典型。

《清史论丛》2010年号，纪念杨向奎百年诞辰，中国国际广播出版社

① 参见阮大铖：《咏怀堂诗集》有关各诗，不琐列。

明清职官别称条目的增补问题

——读《中国历代官制大辞典》商榷（二）

《中国历代官制大辞典》的《凡例》云：本书收历代中央、地方官名、官署名，“包括主要的别称、俗称、简称、合称等”，列为词条，进行诠释。我特别留意其中“主要的”三个字，因为这三个字表明本书编者就官制别称入书制定的收词标准、原则，可以名之为“择要录取”的标准（原则）。我对此点，颇有不同看法。因为工具书是读者手中的一把钥匙，读者藉其力打开问题之锁，进入知识世界，以求知索解，探索和认识自然、社会种种事物的广泛的或专项的书籍。它们记录和总结人类已有的知识，为人类在解决寻求新知识过程中遇到的困难提供帮助。“工欲善其事，必先利其器。”器，就是工具。它们归结为统名“工具书”的一类，它们所具有的继往开来的巨大作用，突出了它们的重要性。为了它们能够较好地完成工具书的任务、起到继往开来的作用，对它们的内容都有严格的要求，有的还有特殊的要求。对其中某些内容，不但要求准，要求正确无误，而且要求多而全，内容以多而全为上。

回想当年我们与中华书局合作执行国家“六五”规划《清代人物传稿》（上编）项目时，中华书局总编辑、史学家李侃先生就人物传的工具书性质给我写信说：“此类书籍贵在准确、平实，非专在供人赏析、阅读，而在供人查阅。当然，‘可查性’‘可用性’与‘可读性’三者得兼，更为上乘，然颇不易。其次要‘以多取胜’‘以冷取胜’，积累多了，影响必大。冷僻而鲜为人知之人物（当然是有一定历史作用的人物），别书查而不获，可于此书得之，即可获得赞赏。”[1]李侃先生此论，对《清代人物传稿》有值得吸取、参考的意义，虽也有不同的理解，而对历史人物大辞典一类的工具书，却绝对是明见卓识。读者在实际工作中碰到的疑问和难题多不相同，而且往往涉及广泛的方面，倘查所疑所缺而不得，就会削弱对此书的信任度。几次失望之余，甚至可能得出完全否定其书知识性、有用性的结论。可见，《凡例》中以择要录取为原则的条文，对工具书多么不适宜。所谓“主要的”，其标准也实在不易把握，需要广博的阅读知识和经验并长期关注此事，才能做出判断。比如“大参”一词，本书不收，显然是因其

① 1986 年 9 月 2 日李侃先生《致何龄修》（原件）。

“次要”而被摒弃。但此词在明、清人著作中使用频率极高，而现时学者中不知此词含义者恐非很少，不过我们不求甚解，囫囵吞枣，积习很深，不到刺刀见红时不易发现而已。归为次要一类予以摒弃，显然不妥。无心之失也是不好的，应该补救。所以，我认为《凡例》中择要录取的宣示，需要删除，必须对内容进行不止一次的修订、增补，求全责备固非易办，精益求精急应实行。增补的方面有二：一为条目的增补，选取过去视为次要而摒弃的词条和成书后新得的词条补撰人书，以解决别称研释中第一方面的问题；二为释义的增补，把已有条目中释义有遗漏的增补入书，以解决明清职官别称（包括尊称、简称、合称、戏称等）条目第二方面的问题。

这两个方面的增补问题都很重要，不能因为它只涉及机关的称谓，无损规范名称的应用，就采取无所谓的态度。宋人洪迈指出：“唐人好以它名标榜官称。”[1] 可见使用别称是士大夫兴趣所在。有了这种兴趣，必然造成别称的复杂和泛滥，成为清理史事的大障碍。这是要注意的。

现在略举例证，就一些重要的别称进行讨论。

① 洪迈：《容斋四笔》卷15《官称别名》。

一、大参、少参

明永乐间在各省布政使下置左、右参政，分司户口、钱粮等财税系统诸道；又设左、右参议，分司军事、工程等军事系统诸道。参政和参议品级较高（明参政从三品，参议从四品，清有所下降），地位较崇，权力较大，在地方官中较活跃。清初沿明旧制，续设此二官职。大参是参政的尊称，少参是参议的尊称。

例一："陆大参致江右政归……陆元量，名万钟，号敬斋。嘉靖乙丑进士，司李杭州。授刑部主事，改浙江道御史，出按粤西。陞江西参政，以病乞归。居家廉谨，绝迹公府。"①

当时习俗，二人写信或对话，称呼对方或他人时，一般要用其人官衔，取其历任各职中品级最高者，以代表其人。于是媚俗之风，适时兴旺起来，种种官职原来没有的尊称，也都逐渐出笼。此一史料反映出这种情形。其首句提的大参，就是江西参政。

例二："送吴汤日游闽，兼讯曹大参能始园居。"②

① 李延昰：《南吴旧话录》卷下，《瓜蒂庵藏明清掌故丛刊》本，上海古籍出版社，第 175 页。

② 阮大铖：《咏怀堂诗集》,《咏怀堂诗》卷 3《五言律》，黄山书社，2006 年，第 81 页。

“曹学佺，字能始，侯官人。万历乙未进士，授户部主事。历南京大理寺丞、户部郎中、四川参政，升按察使……天启初，左迁广西参议，旋转陕西副使。”①

此一诗文中，四川参政虽不是曹学佺最后最高的官职，但因随后他任过的按察使、参议、按察副使的品级与参政相差不是很大，而且他在按察使任上被贬官，遂有意避开他这段伤心的历史，改用在正常情况下升迁而担任的参政一职来称呼他大参。这样，大参在这里仍是称参政的。

例三：“大参王公，名凭，别号月滨，济南之临邑人……江陵拟特旨用公，盖中朝所未有。公在淮扬理济益茂，以（考）最加陕西大参致政。”②

据史籍记载，王凭“以累资致陕西参政，仕宦二十年，清节一致”③，则王凭最后最高的官职就是陕西参政。此史料首句标出的大参即指陕西参政。

以上三位都是讲明代以大参作为参政尊称的情形。

例四：“公讳进美，字嶷叔，别字韫退，先世蒙阴人……（康熙）乙巳，补陕西分守关西道布政使司参

① 温睿临：《南疆逸史》卷 17《曹学佺》，中华书局，1959 年，上册第 114 页。

② 李讷：《四品稿》卷 5《传》，《月滨王大参公传》。

③ 沈淮：道光《临邑县志》卷 9《文苑》，《王凭》。

政……寻复奉裁，遂里居养亲不出。”[1]

“梦赵韫退大参相过，同海木坐谈。”[2]

此处用两条不同史源的史料合证一事，即赵进美最后最高的官职，是陕西参政分守关西道。因而这里的大参，仍是赵进美担任分守道职上挂着陕西参政衔的缘故。这是清朝史料，证明清朝继续沿明俗以大参称参政。

少参亦然。例如，清初毛奇龄有排律，题为《夜饮施少参邸舍，同诸征士作》[3]，施少参即江南宣城人施闰章，顺治时举进士得官，官至江西参议分守湖西道，从此即可称他为少参。康熙初奉旨裁缺，他被迫还乡。其后，东山再起，改官春明，膺职侍读，但因侍读的品级并不比布政使司参议为高，这个清朝官员便一劳永逸地获得了长享少参称呼的权利；而这是照着明朝的模样画清朝葫芦的结果。

① 赵执信：《饴山文集》卷10《行实行状行略》,《中大夫福建提刑按察使司按察使先叔祖韫退赵公暨元配张淑人合葬行实》。

② 唐梦赉《摸鱼儿》，《全清词》（顺康卷补编），南京大学出版社，2008年，第953页。

③ 毛奇龄：《西河合集》,《西河文集·排律》五,《万有文库》本，第12册。

二、政府

我们都知道政府，《现代汉语词典》解说：政府是“国家权力机关的执行机关，即国家的行政机关”[①]。《辞海》补充了对它的阶级性的介绍。在中国历史上，曾有过若干机构，有很强的专制性和行动能力，很明显就是国家最高的议政、决策和行政机构，也就是最高的地主阶级封建统治机关。

这样强力的机关，例如，唐朝的政事堂曾否被人称为政府，值得研究。目前可以肯定的是，宋人编写的唐史和记述的唐事，出现将政事堂、相府称为政府的实例。例如《资治通鉴》记载，唐玄宗天宝二年正月：“李林甫领吏部尚书，日在政府，选事悉委侍郎宋遥、苗晋卿。”但这里表现的，毕竟只是北宋人的笔意。唐人的事，还得唐代文献说话。宋元之际，著名学者胡三省为政府一词加简单的注，云：“政府，谓政事堂。”[②] 胡三省卒于元成宗大德二年（1298 年），去宋亡未远，入元不二十年，而政府这一

① 《现代汉语词典》第 5 版，第 1741 页。

② 《资治通鉴》卷 215，天宝二年春正月，中华书局点校本，1986 年，第 6857 页。又同书卷 232，贞元三年六月，有“胡客皆诣政府诉之”语，胡三省加注云：“政府，谓相府也。”（第 7494 页）

在宋政界、学界广泛行用过的词语，其时人们已对之不甚了了，酌加注释似乎有了必要。实际上南宋继续使用此词，并没有禁用停用的事。例如，李焘《续资治通鉴长编》是一部有五百二十卷的大书，其中用政府指称国家最高行政机关的例证极多，尤其是引述北宋人的言论时更是如此。例证不赘。其他小本零册使用政府一词也不罕见。如南宋人韩淲《涧泉日记》写道，“范文正公丁忧中，上书政府”[①]，即是其例。至于用政府一词指称执政个人，则例子还不是非常明显，大致也可以纳入这个类型。

例如，据《续资治通鉴长编》记载，北宋仁宗在位逾40年，临死无子继承，取濮安懿王允让子宗实为子，继承引发了朝廷的一场大辩论、大斗争，即新皇帝应尊谁为皇考的问题。这是北宋英宗朝的事，类似明世宗嘉靖初的大礼议，称为濮议。新皇帝即位，接续皇绪，解决了皇位继承人的大问题，但司马光却发言道：“而政府之意，料独欲尊濮王为皇考。巧饰辞说，误惑圣听……政府言：仪礼、令文、五服年月敕皆云为人后者为其父母，即出继之子于所生皆称父母……此乃政府欺罔天下之人，谓其皆不识文理也……政府前以二帝不加尊号于其祖，以为法则可矣，若谓皇考之名亦可施于今日，则事恐不侔……今举朝

① 韩淲：《涧泉日记》卷上。

之臣，自非挟奸佞之心，欲附会政府误惑陛下者，皆知濮王称皇考为不可，则众志所欲，亦可知矣。”①

这里反对派司马光等的批判性言论，其矛头所向，显系暗指长时间担任同平章事的韩琦。韩琦乃国家重臣，朝廷倚赖。反对派有意避免直指其名，改用“政府”代替。这似乎可以归入政府可指执政个人的较早的例证。

宋朝情况大体如此。事情发展到明朝，政府一词被广泛利用，而以明中叶以后随阁权的加重而益甚，并且有扩大使用的趋势。《明史》上政府一词用得就很频繁。

例一：隆庆时，刘奋庸上疏道：“今政府所拟议，百司所承行，非不奉诏旨而其间从违之故，陛下曾独断否乎？”②

刘奋庸的话实际上突出显示了内阁拟议的决定作用。明末阁权之重，在当时官场礼仪中生发出一种微妙的反映，低微官员、下属为取悦任职大学士的高官、上司，纷纷用政府称呼或明指他们个人，以致这种情况成为浓厚的社会风气。

例二：瞿式耜为他父亲写的《行状》道：“蕲州诸生有与荆府香火僧构难者，群而噪于荆府。府君怒而斥之。

① 《续资治通鉴长编》卷205，治平二年六月濮议。
② 《明史》卷215《刘奋庸》，中华书局点校本，第19册第5688—5689页。

其父走京师遍控，台省请于政府福清公……”①

在政府一词后接用福清公一词，说明它们的含义是，政府就是福清公。此福清公指时任文渊阁大学士的叶向高，福建福清人，故作福清公。

例三：天启四年（1624）五月：“杨副院《二十四大罪疏》上，政府韩炉亟称之，而首辅叶顿足，以为事从此不可为矣。”②

此时明内阁叶向高为中极殿大学士（首辅），其余大学士还有韩炉、顾秉谦、朱国祯、朱延禧、魏广微、孙承宗。韩炉以中极殿大学士非首辅而称政府，首辅反而不以政府称，似乎政府还略低于首辅，这一点可以注意。但这里政府指个人还是明显的。

例四：“吴昌时之为吏部郎也，私寓不一而足，政府及他要人所在，吴必于其邻近置别馆焉。时国家多事，主上励精，阁臣入直，往往至深更乃出，固已困倦，庶僚之求见者，伺候既久，亦饥疲欠伸，于是相见不过数语即起，多不能详。惟吴则于别馆饮食坐卧自如，候政府初出更衣

① 《瞿式耜集》卷4《杂文》，《显考江西布政使司右参议达观瞿府君行状》。
② 计六奇：《明季北略》卷24《五朝大事总论》（神宗、光宗、熹宗、思宗弘光），《门户杂志》，中华书局标点本，1984年，下册第699页。

之时，辄于小门先入密语，满堂大僚未及接宰相之颜，而吴已得其要领矣。”[1]

此例中政府指执政大学士个人，再明显不过了。如果政府指一个机关，何来政府更衣？这种风气还波及农民军政权。大家知道李自成建立的政权把六部称为六政府，吏部为吏政府，户部为户政府等。后来也用政府称个人。

例五：李自成政权户政府侍郎张嶙然，写的贺李自成登极表有“尧舜汤武等语”，他说：“偶为此语，不意为政府、皇上所见赏。”[2] 这里政府指牛金星，皇上指李自成。牛金星任李自成政权的天祐殿大学士，这里政府指执政的大学士个人也是很明显的。

清初继续这种风气。谈迁在北京活动时，曾记录吕宫担任内翰林弘文院大学士一事，写道“吕宫且超拜政府矣”[3]。随着清朝内阁实际上不是执政机关，更不像明朝内阁那样威权张扬，这种风气也就日益淡薄。人们越来越冷落终至拒绝继承明朝传统，抛弃谈迁记录吕宫事时对政府一词的用法，使此词回归它最初指最高行政机构的轨道，

① 《归庄集》卷 10《杂著》,《随笔二十四则》（之四），上海古籍出版社，1984 年新 1 版，下册第 514 页。

② 吴伟业：《吴梅村全集》卷 58《诗话》,《梅村诗话》，上海古籍出版社，1990 年，下册第 1141 页。

③ 谈迁:《北游录》,《纪闻》下《陈名夏》, 中华书局，1960 年，第 390 页。

发展丰富起来。我们只看到《明史》和《四库全书》继承明朝使用政府一词的传统，保留许多使政府一词表述相关事项的例证。那也不过是记录前朝史事时使用，是回光返照、余音袅袅而已。

三、师相、阁师

本《大辞典》有师傅条目，其中说到师傅卿相，指有学识的长者受聘为行政官员的人，受聘的人与统治者有密切的关系。我在这里说的师相是另一种意思，说的是官员间交往时使用的称呼，指对方实际为或愿承认为己方老师，而这位老师又是时任或曾任大学士的人。

例一：邝露有五古，题曰《与香山何师相邂逅白门，招游具区，泛钱塘，献别》[①]，何师相为何吾驺，崇祯朝任大学士。

例二：孙延钊有诗句云："襄樊围溃遂凌城，师相巍巍并受兵。"[②] 此师相指崇祯朝大学士杨嗣昌。张献忠困襄

① 邝露：《峤雅》卷2《五言古诗》，广东高等教育出版社，1990年，第119页。

② 李象坤：《感时十六首（删四）》，孙延钊《明季温州抗清事纂》6《诗文辑览》丙《诗内编》，《明清之际温州史料集》，上海社会科学出版社，2005年，第92页。

阳，嗣昌督师抵抗。张献忠破襄樊后，嗣昌以兵败致亲王遇害，被崇祯皇帝杀害，是所谓师相“并受兵”也。

例三：王之桢有题为《跋史师相乞闲咏叙》文[①]，史师相指弘光朝学士史可法。

例四：计六奇记唐王闽事，“大学士黄道周愤师不前，因请以师相募兵江西”[②]，黄道周是南明隆武朝大学士。

以上是明朝情况。清初继续保有这种现象。如，毛奇龄有记事，云：“益都师相尝率同馆官集万柳堂，言宋诗之弊，谓历国全盛，自有气象。”[③]益都师相指康熙朝文华殿大学士冯溥。

阁师的意义与师相全同。林增志在诗中都曾称崇祯朝大学士贺逢圣、何吾驺为阁师，即是其例。另有馆师称呼，如林增志云：崇祯十四年（1641 年），“时宜兴周公复为首揆，贺馆师亦再入相”[④]。即是其例。进一步情况待考。

① 《史可法集·附录》迻录自王之桢《射州文存》，上海古籍出版社，1984 年，第 131—132 页。
② 计六奇：《明季南略》卷 8《黄道周不屈》，中华书局，1984 年，第 314 页。
③ 毛奇龄:《西河合集》,《西河文集·诗话》五,《万有文库》本。
④ 林增志：《林任先自订年谱》，孙延钊《明清之际温州史料集》，第 186 页。

四、老佛爷、佛爷

世人多知慈禧被称为“老佛爷”，我原以为是她的专称、特称，其后读书稍多，始知全是一场误会。嘉庆时有记述乾隆时事者，谓其时丫髻山碧霞元君之神极有灵验，上自宫廷，下至庶民，争相前往，拈香敬礼，“五更鸡鸣时即上殿拈香者，谓之上头香”。头香必得让给有大权势之人，“他人罔敢僭越”。乾隆时有一年，“有中涓魏公者，奉皇太后旨，往降头香”。魏公到时，见已有人捷足先登，大怒，斥责庙主道：“老佛爷香犹未降，何得令他人预焚于此！”[①] 这是一则杜撰的神怪故事的情节，或者说是被添油加醋改造了的传说的情节，但在旁证支持下，它反映出老佛爷、佛爷等称呼在清宫中通行的实际。老佛爷，像佛一样统御六合，主宰万民，长生不死，法力无边，就是权势无边，永远保持富贵寿考，永远统治和奴役人民。所以老佛爷是最尊贵的一种称呼，当然首先用于最尊贵的宫廷主人，则非皇太后莫属。

可见这是在清宫中形成的对皇太后的一种尊称，是清宫的“特产”，但不是慈禧的专利、特权，清以前宫中如何称呼皇太后，待考，不过不见有用老佛爷代替的迹象。

① 和邦额：《夜谈随录》卷3《孝女》，岳麓书社，1986年，第208—209页。

有了皇太后老佛爷，在位的皇帝自然地成了佛爷，因为他是老佛爷之子。老佛爷之子为佛爷，依理推理可得。但这种称法很可笑，因为老佛爷也好、佛爷也好，中国佛神和出家人都是没有配偶的，也就不可能有子女。且不管它，只讲清朝宫俗。

且看陈康祺记乾隆时事："一日，警跸出宫，上偶于舆中阅边报，有奏要犯脱逃者，上微怒，诵《论语》'虎兕出于柙'三语。扈从诸校尉及期门羽林之属，咸愕眙互询天语云何。和珅独曰：'爷谓典守者不得辞其责耳。'（凡内臣称上皆曰老爷子，或曰佛爷）"①

这是佛爷用于称呼皇帝的书证。此外，我猜想，皇太后在时，占有老佛爷的称呼，皇帝只能安心当他的佛爷，皇太后一旦归天，内臣拍马屁见缝插针，有把老佛爷称呼用于皇帝的可能。但这是我的推测，目前我不掌握证据。

老佛爷一词，人们感觉很生疏、很眼生，而且它代表男神却用于称呼妇女，也嫌不伦不类，且不管它。只是皇太后、皇帝并非官职，收入官制辞典，是否适合，值得考虑。

① 陈康祺:《郎潜纪闻初笔》卷4《和珅蒙恩眷之缘》,中华书局，1984年，上册第88页。

五、父母

父母二字出现在讲官制的文章中，倒也别致，多少叫人有些意外。但明清时，父母二字，曾经成为知县的重要尊称之一，却是不争的事实。当时就有不少文人指出这个事实。

茅元仪说："今呼县令及州守之自辖曰父母……不知始于何时，亦太滥矣。"[①] 康熙时王士禛说"今乡官称州县官曰父母"，这种称呼是"沿明世之旧也"[②]。刘廷玑也说："近日士大夫称知县曰父母。"[③] 刘没有说用了多久，据茅、王的话分析，定为明清两代有此风习，当与实际相去不远。其时文坛领军人物钱谦益等在其文集尤其在书信中，广泛使用父母一词。官绅、庶民在许多场合使用此词称呼官长（主要是对知县）。父母一词公然被挪作此种用途，而且社会上不仅乐意接受了，更恰当地说是热情欢迎了父母一词的政治性作用。这种情况突出反映了人们对官府的敬畏。知县固然品级不高，地位低下，却是官僚体系中别称、尊

① 茅元仪：《掌记》卷 2。

② 王士禛：《池北偶谈》卷 26《谈异》7，《曾祖父母》，中华书局，1982 年，下册第 627 页。

③ 刘廷玑：《在园杂志》卷 3，第 179 条《老爷奶奶》，中华书局，2005 年，第 122 页。

称、戏称等最多的官职之一，像县尹、大尹、令尹、县令、邑侯、邑宰、大爷、太爷、太父师、明府、令君、芝麻官等，或干脆就是指知县，或可作指知县用，而以即是知县者居多。其所以至此，原因在于知县管事宽，权力大，而且集中。县是行政系统的底层，也就是封建统治的基础、基石，设置强有力的官员，守护这个基础、基石，封建统治者认为是绝对有利的。因此，作为县的长官，既主管一县的行政、财务、兵事、文教，又控制和影响一县民人甚至绅衿的生业、家产、交往、言行。有的知县抓紧在任的时机，滥用权力，迫害绅民，吞财杀人，尽情展现了知县万恶不赦的淫威，被称为“破家县令”①。这样的县令可怕不可怕？可怕就是畏。畏则敬而远之，避免不必要的“照顾”。老百姓如不起而造反，便没有多少可以反抗官府迫害的手段。追着屁股喊父母，是表示敬畏少避锋芒的方法。不妨说，父母作为对知县的称呼，难得形象而又深刻地揭示了紧张的官民关系。

下面引证数例，以见知县称父母之一斑：

例一：陈璧，字昆良，苏州府常熟人，有七律若干首，中有题为《客丘瑞之志在誉帚在聚星楼，楼壁有万允康父母、顾端木社友诗，有感，吊之。用顾原韵怨字并吊

① 抱瓮老人：《今古奇观》卷15《卢太学诗酒傲王侯》，陕西旅游出版社，第206页。

钱希声父母》。诗题提及万曰吉（字允康）、钱肃乐（字希声）二人，皆称之为“父母”[①]。因为万曰吉于崇祯十四年始知昆山县，钱肃乐也在崇祯中以太仓州知州摄昆山县事，而陈璧本人正是昆山籍诸生（他的籍与贯分离，分属两地）。

例二：广平府曲周人刘佑：“以选拔生授蕲水知县”，“以绩最擢泰州知州”，又因安定人民，做了减免赋税，释放欠税户二百余家，力争免除害民的岁修号船的旧役，“御史俞铎以真父母颂之”[②]。真是敬畏到无以复加了。

例三：直隶柏乡人魏裔介，顺治三年进士，历官工、兵科给事中、太常寺少卿、吏部、礼部尚书等职，曾作诗《赠藁城罗蘋州父母》《赠南和沈颐仙父母》[③]，即致正定府藁城知县罗某、顺德府南和知县沈某，以知县为亲民之官，抚字小民为其职任所在，故以“父母”称之，期之泽惠百姓，造福一方。

在知县众多的别称中，有的还带来派生物。知县称大爷，则佐贰也得沾光，县丞称二爷，主簿称三爷，典史称

① 江村等：《陈璧诗文残稿笺证》（原卷4），上海古籍出版社，1998年，第40页。

② 徐世昌：《大清畿辅先哲传》卷19《文学传·刘佑》，北京古籍出版社，1993年，上册第609页。

③ 魏裔介：《兼济堂文集》卷19《五言律》，中华书局，2007年，下册第521、第524页。

四爷[1]。一人得道，鸡犬升天嘛。

社会上的风气，自然地反映在文艺作品中。《今古奇观》《醉醒石》《娱目醒心编》等都有所表现。

官制别称条目的增补，是一个需要研究，特别是需要发掘、积累的问题。这里不过略举数例，自作明白，勉为解说，尽可能从来历、意义、流行等方面有所说明，仅供参考而已。近年来，老、病交侵，走、读、想、写的能力迅速大幅度下降。本课题我设想已久，本拟按部就班，一二三四，逐步写出，因而也未急于收集史料。今年适值王锺翰先生百龄冥寿，中央民族大学拟举行学术纪念会，约写一文参加，因忆先生在世时，对我关怀多方，不仅视如弟子，实际看同子弟（侄。我小于先生 20 岁，实为两代人），指导教诲，耳提面命，亲切详尽，不厌其烦。写一文，表示我永不忘记先生待我之厚。但缺乏成熟的课题，是个现实问题。只得将本课题拿出进行加工研究，明

① 古吴金木散人：《鼓掌绝尘》月集第 32 回《腐头巾拦路说人情　醉典史私衙通贿赂》，江苏古籍出版社，1990 年，第 391 页。东鲁古狂生：《醉醒石》第 3 回《假淑女忆夫失节　兽同袍冒姓诓妻》，上海古籍出版社，1985 年，第 40 页。二书以知县为堂尊、大爷，又皆以典史为四爷，则依府属官员知府为一守、一府，府同知为二守、二府，通判为三守、三府，推官为四守、四府为序的例来看，则可知县丞为二爷、主簿为三爷。又县属官员虽为二爷、三爷、四爷，有时也能叨大爷的光，被人们称呼为“老父母”（第 40 页）。

清以前的情况不大清楚（过去自己读过一些书，请教过陈智超先生，略有基础），这都不是看几种十几种书就可以补救的问题。于是有的史事请教同班同学梁太济先生，梁兄很快就寄来了唐宋有关资料数纸数千字，我只取用了其中一小部分，其余更深入的内容，过多地超越了我的学识水平，不宜使用，梁兄自己还可以用来进行专题研究。本文中谈及唐宋情况有误的由作者本人负责。最后向梁太济先生表示感谢。

原刊《纪念王锺翰先生百年诞辰学术文集》，中央民族大学出版社，2013年

试释“他家卖拖蒸河漏子、热烫温和大辣酥”

2008年10月，心血来潮，因对《水浒传》第24回王婆对西门庆说的一段“风”话仅能解释后半句，而前半句却始终不得其解，似觉缺少画龙点睛的雄健笔力，自忖不在中国古典小说研究行内，对行情很不了解，便写信将问题笼统提出，向我一直很尊敬的一位此行老专家求教。承其不弃，不久即复函赐教，指出“此话费解，研究者均未触及”。只有文学研究所钱锺书先生于1979年5月9日在美国加州大学柏克莱校区一次座谈会上，因有人以此提问，“从容不迫，当即予以解答”。老先生在函中转抄孔庆茂先生著《钱锺书传》所记关于解答此问的段落相示[①]，才知道钱先生认为“这是句玩笑话”，如同西洋修辞学的

① 孔庆茂:《钱锺书传》,江苏文艺出版社,1992年,第219页。

做法，“安排两种词意截然相反的词语，放在一起，藉以造成突兀但是相辅相成的怔忡效果”。“像河漏子（一种点心小食）既经蒸过，就不必再拖，大辣酥（另一种点心小食）也不可能同时具有热荡、温和两种特质。据此可以断定是王婆的一句风言风语，用来挑逗西门庆，同时也间接地刻画出潘金莲在《水浒传》中正反两种突兀的双重性格。类似这样的出其不意的问题，钱锺书总能迅速敏捷地反应，并给出完整、圆满、无懈可击的答案”。读了孔庆茂先生的纪事，我觉得钱先生这一解释反映出他的机智和敏捷，但如作为“完整、圆满、无懈可击的答案”，则似乎尚难认同。答案包含一些判断的错误（例如从无人说河漏子加工方法有“蒸”这一道工序）和解释的不自然。

我还是在读小学、初中时，发现家里的一本《三门街》，拿来一看，觉得另有一番天地，热闹多趣。自此一发不可收拾，从小学到初中，借书、租书、买书，扩大范围，我读了许多通俗小说，包括现代人写的《鹰爪王》《蜀山剑侠传》《月唐演义》（系列小说，包括《唐明皇游月宫》等多种）等，但那时最喜欢的还是《水浒传》和《三国演义》。《水浒传》虽是大白话，但仍有许多不明白的地方，例如朱贵绰号“旱地忽律”、武大郎绰号“三寸丁谷树皮”、骂妻子偷汉者为鸭、“拖蒸河漏子、热烫温和大辣酥”等等。问题蓄积于心，难以忘怀。我因此道不是自己的专业，所以从不曾着意进行研究。但数十年来，许多问题都在研究历史问题读书过程中，连带弄明白了，只有王婆这句风话等少数问题，一直没有得到完全的可信的答案。最近重新想起这个问题，反复思考，略加推论，恍然有悟，似可通解。因提笔写成本文初稿。

初稿打印后，曾分送同事陈高华等先生请教，多有指点。年轻同事李华川先生查得吴宗海先生解释同一问题的短文《〈水浒〉王婆风话索解》[①]，复印一份相赠。大喜，比即拜读，发现与小文大多相反。吴文引已故赵国华先生《生殖崇拜文化论》“径以‘河漏子’为‘河蚌’，代女阴”为基础[②]，进一步索解。但赵氏“河漏子”为“河蚌”说既没有列举文献（或传说）证据，又没有进行重点分析，甚至没有作出性状类比，是毫无依据、完全站不住脚的说法。中国传统文化治学，极重证据。明末清初人黄生著《字诂》,《四库全书总目提要》举其优长，就强调其“根据博奥，与穿凿者有殊”。清人杭世骏著《续方言》，也因“大致引据典核，在近时小学家犹最有根柢者也”而被肯定。明人作《骈雅》，称都御史为大司宪，詹事为端尹，即使“乃流俗之称”还不被承认，仍遭到“亦乏典

① 载《寻根》2001 年第 6 期。

② 赵国华：《生殖崇拜文化论》，中国社会科学出版社，1990 年，第 4 页。

据”的批评[1]。如果名物、掌故、典章制度的训诂、考据、诠释，都可用“径作为”解决，论点可凭空建立，那么治文字音韵、训诂考据之学的小学就变成轻而易举，所有艰苦爬梳、探索，寻求解答的努力都变成“瞎子点灯”了。使我感到惊奇的倒是一些具有关键意义，并确凿有据的解释如河漏子为饸饹、大辣酥为酒，吴文都表示怀疑或否定，个人想象，未经证实的解释如河漏子为河蚌，则被认为“较有理”，奉为“进一步索解”的“基础”。但赵说既不能成立，自然不能作为进一步解释的基础。基础立不起来，所有建在此基础上的建筑都逃脱不了轰然倒塌的命运。写到此处，因联想元人戴侗著《六书故》，解释字义，“引经而不能精究经典古字，反以近世差误等字引作证据”之失[2]。我们这些号称为学术工作者的人很值得借鉴。

现将我对王婆这句风话的解释试介绍于次。《水浒》写成已逾七百年，语言环境和语言本身变化很大，现代人对当时语言、文学和习俗的理解有较深隔阂是很自然的。我的解释聊备一说而已。今分述如下：

先看后半句：“热烫温和大辣酥”。孔著《钱锺书传》“热烫”作“热荡”，但明崇祯贯华堂刻本《水浒传》作

① 《四库全书总目》卷40《经部·小学类》，《骈雅》《字诂》《续方言》。

② 《四库全书总目》卷41《经部·小学类》2，《六书故》。

“热烫”[1]，人民文学出版社1975年版《水浒传》、上海人民出版社同年版《水浒全传》都作“热烫”[2]，自以热烫为是。大辣酥不是酥点。大辣酥是蒙古语，其义为酒[3]。这是蒙古人统治中原时带来的蒙古语名词，据音译汉则写法多样，可作“大辣酥”“答剌速”“打剌孙”“答剌孙”“打剌酥”“打剌苏”等[4]。此词语在元代时颇流行，我们不要大惊小怪，根据民族相对隔绝时期的情况，去观察、评判，从而怀疑、否定民族混居和直接接触时期的情况。在民族混居和直接接触时期，民族间文化的交流、融合和相互吸收是不可避免的。即使“市井细民”不仅也能“熟练运用”另一民族语言音译，甚至能讲对方的话。蒙古人统治内地近百年，带进来的蒙语词语，不止一个大辣酥而已，只是到明代随蒙古族统治的结束而逐渐式微。大辣酥之非点心而是饮料（酒），在一些元明杂剧引用此词与其他词语搭配中，看得最明显。如无名氏《小尉迟》

① 卷28，第23回《王婆贪贿说风情　郓哥不忿闹茶肆》。
② 分见《水浒》上册第299页、《水浒全传》上册第293页，都在第24回，回目同前注。
③ 承蒙古族学者达力扎布教授赐教，现在蒙古语仍用“大辣酥”这一名词称呼酒，但还有一个并行的词阿剌吉，阿剌吉指蒸馏酒。特致谢意。
④ 参看陈高华等：《中国风俗通史》（元代卷），上海文艺出版社，2001年，第40—41页。

“去买一瓶打剌酥，吃着耍”，无名氏《雁门关》“金盏子满斟着赛银打剌苏”[①]，其容器为瓶、盏，取用的动作为斟，都是有力的例证。“热烫温和”与酒符合，而且王婆对西门庆讲此话时还是“冬已将残，天色回阳微暖”的气候，喝温热的酒也适宜。但隔壁武大郎家卖温热的酒只是字面上的意思。骨子里它的语意双关，含有猥亵的意思，实际上是指潘金莲的性感。“热烫”“温和”“大辣酥”都可以成为性的语言，用以形容潘金莲的性感。王婆的话传达出明白无误的信息：潘金莲的性和性感，是武大郎家的货物，只要有钱，是可以买到手的。我认为这样解释这半句，既有根据，也符合小说的原意。

再看“拖蒸河漏子”，王婆风话的前半句。“河漏子”即今之所谓饸饹。元代王祯《农书》记载：“荞麦，赤茎乌粒……北方诸郡多种，治去皮壳，磨而为面，摊作煎饼，配蒜而食。或作汤饼，谓之‘河漏’，滑细如粉，亚于麦面，风俗所尚，供为常食。”[②]可见这是一种古老的小面食。其原料以荞麦面为主，可掺以其他面粉（小麦面、玉

① 转引自陆澹安《戏曲词语汇释》，上海古籍出版社，1981年，第134页。据薛鸿时先生函示，顾学颉先生等《元曲释词》从元曲中摘引更多例证，可以参看。其中有例证说明大辣酥的容器还有壶，大辣酥之为液态物质益信。

② 王祯：《农书》（王毓瑚整理），《百谷谱》集之2《谷属》，《荞麦》，农业出版社，1981年，第90页。

米面、红薯面、糜子面、榆皮面、豆面等），也可以改用其他某种面为主制作。饸饹是煮熟食用的。先烧开锅，将面搭配好后用温水调和，揉成面团，放在饸饹床子中或漏瓢中用力挤压，使面从漏孔掉进沸水中成形、煮熟。然后捞出，加酱、汁等调味，即可食用。也可以做成饸饹汤，即煮熟后连带适量的面汤，加油盐、调料，也可加少量蔬菜，连汤食用。饸饹在各地因乡俗不同，名称亦异。或名“活络”，为同音近音异写；或名“瓢儿漏”，为依据制作方法命名；或名“蝌蚪子”，“象形也”①；或名“格豆子”，为蝌蚪子的近音讹写；或名“蛤蟆馉饳”，则为蝌蚪的俗名衍化等，不一而足。各地饸饹名称起始时间久近，中间有无变化，资料缺乏，难以稽考。蝌蚪子、格豆子，都带着子字词尾，王婆称“河漏子”，也带子字词尾，应为其时某地饸饹实际名称的反映，不是小说杜撰。蝌蚪子、格豆子、蛤蟆馉饳，都是指饸饹形似蛙和蟾蜍（癞蛤蟆）的幼体：蝌蚪。饸饹就像蝌蚪。饸饹是水煮的食品，不上笼屉，王婆将它说成“拖蒸河漏子”，不是规范的制作方法，

① 李光庭:《乡言解颐》卷4《物部》上,《食物十事·蝌蚪子》,中华书局，1982年，第80—81页。本书亦述其制作方法云：“麦、荍二屑各半，和面，用木床铁漏按入沸汤中，熟而取出，拌卤食之。”“和屑作羹汤，食之亦称善。”面团掉入沸水时后面必拖一小尾巴，形如蝌蚪，故曰象形。

饸饹会变形或起疙瘩。很明显，“拖蒸河漏子”被用以影射武大郎，“三寸丁谷树皮”遭进一步丑化为癞蛤蟆崽子，并暗示这也是可以收买的（因为是武大郎家卖的饮食嘛）。这是我的推论，是否准确，有待验证。

《水浒传》刻画王婆其人心地恶毒，算计精密，手脚灵便，谈锋犀利。她利用武大郎的善良和懦弱，潘金莲的美貌和淫荡，给自己谋取财物。为此，她把武大郎家的生业（卖小食品炊饼，挖空心思想出另两种可以影射武大郎夫妇的小饮食，代替炊饼）、武大郎形体上和潘金莲生性上的缺陷，巧妙地下流地拧在一起，用风言风语说出来，挑逗、引诱疯狂渔色的恶霸西门庆。她表面上奉承西门庆，实际上玩弄西门庆于股掌之上，让这个悭吝成性的恶霸心甘情愿奉上绫、绸、绢、绵和银两[①]。王婆是《水浒传》中刻画最成功的人物之一，称为第一人亦无不可。她只在共计四回书中出场，只做一件事即为西门庆、潘金莲勾搭成奸穿针引线，大包大揽，着笔不能算多，但是浓墨重彩，寥寥数笔，三下五除二，就把一个活生生的害人精王婆鲜明地立起来了。读这几回，对王婆其人，如闻其声，如见其人，其一言一动、一笑一骂，十分贴切，令人印象深刻。这有赖于书中对王婆活动的入木三分的细节描写，

① 故第25回回目云：“王婆计啜西门庆”，啜者，茹也，即吃也喝也。吃其肉，喝其血。

王婆与人的精彩绝伦的对白的设计。关于“河漏子”“大辣酥”的简单几句[1]，也是这样的对白之一。

我的这些解释，是否强作解人，请读者和专家赐教。

原刊《文史知识》2009年第10期

[1] 《金瓶梅词话》把王婆的“风话”复杂化了，把两种小饮食变成多种。《金瓶梅词话》比《水浒》晚出约二百年。它截取《水浒》的潘金莲故事，引出一部多达一百回的长篇。名小说由后人续书，或取其一个故事为引放开大写者都不少见，其高低优劣全由新书作者立意、构思、能力决定，思路广泛，结果多样。新截取的故事仅仅是作为从原著到新书的津梁。对从原著截取的故事作任何增删，都是由新书作者的理解和新书的需要而进行的篡改，不受原著的约束，与原著立意了不相涉。因此，不能用《金瓶梅词话》中新增的内容、文字作为《水浒》原著内容、文字进行分析论证。

篇前卷尾

《明清史探索》序

辽宁社会科学院历史研究所研究员张玉兴先生，自选其明清史、满族史论文五十余篇，结集为《明清史探索》行世。

我与玉兴先生相识于改革开放之初，岁月如流，忽忽逾二十年。二十余年来，我们彼此阅读对方新作，信函、电话往来不断，经常会面，互诉近况，切磋学问。我从这些阅读和切磋中深受教益。我们之间不自觉感情弥笃，知心益深。交友之道，最重三端：人品、学问、性情。玉兴先生这三方面都使我以为难得，也承他不弃，所以我们的友谊能深入持久，不是偶然的。在他的史学选集出版之际，我想谈谈对他的学术的几点理解，以表达一个好友的欣喜。

玉兴是在“极左”的逆境中崛起的。他以自学为主，辅以进修而成才。从客观环境的挫折中不隳青云之志，坚持学习、奋进，终于成功。这是一种极可宝贵的自立自强精神，是大家都知道的。1978 年， 玉兴正希望进修补课时，北京的一位老教授知道他的学历不足，年近不惑，才搞研究，便叹惜说“太晚了”。老教授虽然不是有意唐突，危言耸听，但是，这种坦率流露的大实话，对热情正高的玉兴来说不啻当头一棒。然而，这种经验之谈只能击溃常人，他们经受不住，就消沉了，放弃了。玉兴则把打击变成动力，表现出坚强的毅力、自信和对成功的渴望。二十余年来，他做了远超常人的努力，卧薪尝胆，焚膏继晷，铢积寸累，遂成丈匹。我知道他纂注清代东北流人诗时，奔波于京沪江浙皖粤，挖掘那些分散、深藏而稀见的材料，结果编成一本新鲜、有特点、富于学术价值的清诗选集。此书的著作过程，反映出他付出劳动的艰辛，但他在书的《前言》中一字未及，视为固然。我一直把这些努力放在眼里，自愧不如，深知自立自强是支撑玉兴学术事业的巨大精神力量。

成才的途径，在很大程度上影响或决定治学的方法、方向。自学成才的学问家治史，往往因在自学的过程中长时间钻研史籍，日益深入，很自然地擅长乃至迷恋考据。考据是探明历史真相不可或缺的手段，是重要的史学方法之一。玉兴成才之路恰恰是从考据开始的。玉兴有不少一流的考证文章，八旗制度相关问题辨析，范文程归清，李延庚叛清，努尔哈赤军师龚正陆（六）、重臣阿敦事迹，纳林布禄、岳托、苗君稷等析论，皇太极留养张春、多尔衮拥立顺治、郑芝龙、陈梦雷等史事，这些问题经过他缜密考证，扫除翳障，冲决迷阵，便皎如白日，显露真面。这些大都是入关前满族崛起过程中的史事，称为清前史。玉兴对清前史史实的探索是很深的。清前史史料严重缺乏，抉奥发微，较之探索清入关后史事，其难十倍。而且考据虽具体而微，所关系者则甚大，如范文程归清，其意义实在于说明满族兴起时汉族士人境遇，努尔哈赤、皇太极两代对待汉族士人政策异同，以及汉族士人在清朝建立过程中的作用等重要问题。其他诸文都关乎当时政治、军事，不是茶余饭后谈资或漫然命笔之作。这些文章是玉兴史学成就中最有心得的部分，是其著述中的上乘之作。就对清前史的发明、发现而论，论文作者张玉兴先生，在孟森、王鍾翰等前辈先生以后，至今罕有能与比肩者。可以毫不夸张地说，这些文章完全是20世纪中国史学考据的精品。这表现出玉兴自学成才的本色，反映出他读书细致，看问题透彻，解决问题深得史学考据三昧。卓越的考证，清前史研究的诸多重要创获，代表了玉兴学术的突出特色。

玉兴不只是考证做得好，而且其治史视野广阔，思辨深刻，说理透辟，议论劲健。他的长篇论战文章，充分展现这方面的长处。关于九义士、三学士和其他一些论文中许多议论、分析，都写得淋漓酣畅，情理昭然。他通过努力，具备了比较全面的史学修养，打破了自学成才者短于议论，不善于提炼、概括并升华为理论的“常规”。特别需要强调指出的是，玉兴的论析中充满了民族精神和爱国主义精神。以爱国主义为核心的民族精神，是支撑一个民族生存、发展的共同心理、思想、意识以及奋进的力量、高尚的品格、忠诚和热爱国家民族的思想感情。当民族的生存发展受到威胁，当民族奴役、民族征服摆在面前，采取什么样的态度，是浴血抵抗还是屈膝投降，永远是关于民族精神的大是大非问题。对于操觚作史的历史学家来说，则有责任实事求是地评述前人的这类活动，把史学的真实性、真理性放在首位，不为任何经济的诱惑、政治的胁迫、名利的吸引所屈服，而歪曲历史，歪曲史学。这是董狐以来树立的可贵的史学传统。但做到这一点一直是不容易的。明人冯时可批评说：“今之操觚者，求惊人而不求服人，求媚世而不求维世，此海内所以无文宗也。”[①]这是明朝人给我们留下的一面镜子。观念的混乱也增加了问题的复杂性。最突出的是混淆古今，不顾一切以时间、空间、条件为转移的基本要求，忘记地方和时代是历史必不可缺的要素，史事绝对受它们限制，而使历史无落脚处。用混淆古今的方法，否定古人保障国家民族利益的殊死斗争，必然斩断中国悠久的爱国主义传统，仿佛我们的祖先

① 冯时可：《冯元成选集》卷 67《谈艺录》。

只热衷家务纠纷、萧墙讧斗，从不关注民族存灭、国家安危、天下兴亡，只是到了抗倭驱荷以至反对帝国主义侵略，我们才有了民族英雄。这完全不符合中华民族的历史实际。近来还听说有人推出一种“模糊史学”，主张对历史上一些特定的民族斗争做模棱两可、稀里糊涂的论断。玉兴没有忘记一个史学家的神圣责任，他用自己切实的研究成果，旗帜鲜明地维护了我们祖先用鲜血凝结起来的民族精神和爱国传统，维护了历史科学的纯洁性、历史唯物主义的真理。他的论著处处表现出历史主义科学精神、鲜明的是非观念，读后使人明确应该敬仰什么、鄙弃什么。他的几篇论述明清之际忠贰现象的专论，与流行的错误展开辩论，心平气和，说理透辟。这些犀利的论文也是玉兴史学成就中富有心得的部分。明人李梦阳说：“作史之义，昭往训来，美恶具列，不劝不惩，不之述也。”不分青红，颠倒黑白的“历史”文章就不能要。只有这样，才是真正尊重历史，才能正确学习和借鉴历史，真正增强中华民族凝聚力，促进民族大团结。因此，出色的分析议论，明确的理性判断，昂扬的民族精神和爱国主义精神，也是玉兴学术的突出特色。

现在谈谈我所理解的玉兴在史学实践中的创新。创新，人人能言之，但真正创新之作总是凤毛麟角。有些著作，很少发明，许多内容真如汉文景时的太仓之粟，陈陈相因，读后令人失望。这不奇怪。创新是学人德才学识综合的自然的体现，水到渠成，瓜熟蒂落，不是浅学平庸、急功近利可以获得的。“凡立异未有能异，自高未有能高于人者。”[①] 玉兴深谙为学之道，自跨进学术之门，就紧紧把握住德行与学识的关键，在实践中确定以“严格自律与严谨治学”为指针[②]，脚踏实地，循序渐进，取得丰硕的成果。学术的创新，表现在新课题新领域、新研究方法、新资料、新研究成果等多方面。玉兴的史学创新也是多方面的。我只谈他的新研究成果。他的论著惟陈言之务去，每一项成果、每一篇文章都是他长期劳动的结晶，没有一项一篇没有他独特的心得，表现为一个接一个的突破。他的考证文章涉及的主旨人物的研究，都是从他开始的，是新课题新成果。那些有过成果的课题，他也都有创获。例如关于多尔衮拥立顺治课题，他不仅完整地栩栩如生地复原了诸王贝勒大臣继位定策会议的全过程，以确凿史料为依据所作豪格逊让及继统失败原因等细节的分析，非常符合历史人物的心理和当时的制度、环境，而且他最具总结性的论断，说这次拥立顺治帝是“多尔衮巧妙的夺权”[③]，

① 张祖廉:《定盦先生年谱外纪》卷上，引王芑孙复龚自珍书。
② 张玉兴：《严格自律严谨治学》，《科研成功之路》，辽宁人民出版社，1998 年。
③ 张玉兴：《多尔衮拥立福临考实》，《故宫博物院院刊》1984 年 1 期。

《明清史探索》书影

反映他对整个课题、对这一重大历史事件的实质最简明、准确、深刻、新颖的认识。全文不长，但读来耳目一新，没有多年潜心研究，很难达到这样的高度。《明清史探索》其他诸文几乎都具此功力，经得起同行专家和广大读者检验。从根本上来说，创新是学术的常规，是学术存在的必要条件。但玉兴的著作在史学之林中，其创新如此突出，这就不能不构成重要的特色。

一篇简短的序言，不能尽情发挥玉兴学术的精义，只能就我的理解，拣重要的说说。我个人学识陋劣，所说未必就包括了其最主要之点。玉兴虽年过花甲，但是体魄壮健，精力旺盛，其科学创造力至少还可保持二十年不衰。如何利用这段宝贵的时间，就老年人说是个战略问题。读者可以期待更上层楼的《明清史探索续集》和其他著作问世。是为序。

2003 年 12 月 10 日于五库斋

原刊张玉兴著《明清史探索》，辽海出版社，2004 年

《洪承畴与明清易代研究》序

同事杨海英博士所著《洪承畴与明清易代研究》完稿，将付杀青。此书杀青，就她个人的学术生涯来说，具有里程碑式的意义。与她年龄相适应，此书标志着她青年奋斗阶段的结束，中年进一步充实和探索阶段的开始。应该说，作者在学术上的起点并不是很高的，近年来我还常常感到这种状况对她的著作的影响。但她有活跃的思维、强烈的求知欲、难得的勤奋、“探河穷源，剥蕉至心”的探索精神和毅力，而且严格遵循她的博士导师王锺翰先生教导的正确治史方法，所以她青年阶段的奋斗是成功的，收获了金灿灿的果实。这给她青年阶段的人生增添了光彩。

洪承畴研究是王锺翰先生出的题。因为课题热门，突破不易，所以被有的先生认为对一个史学新手说这样的课题不是很好。但王先生对学生的要求是高标准的。他毕竟是当今清史泰斗，无疑感到入清以后的洪承畴，作为贰臣，招抚江南，平定隆武政权，经略西南，策划消灭永历政权，是清朝征服全国的重大关键。洪承畴因此始以“开清第一功臣”名世，而这一过程还有许多深层次问题没有理清，尘封的史实没有挖掘出来；同样，清史学界对清初洪承畴的看法分歧最深，争论最多，问题的理论性显然较强，具有处理民族斗争史上是非，发扬中华民族精神的现实意义。由此可见，洪承畴研究做得好，肯定可以取得史实和理论双赢的成果。作者集中选取洪承畴与明清易代历史进行研究，完全符合也更能贯彻导师的指导思想。

然而，摘取这样的果实仍是一项艰巨的任务。在科学上没有平坦的大道可走。作者说：“摸了一段基本史料后，我没有信心能写出新的东西。”[1]这是实话，是深知科学研究的艰辛而吐露的衷肠。其实，换一个角度看，这恰恰是一个良好的起点，何况还“对明末清初这个具有震撼力的时代颇感兴趣”。这就大大加强了征服科学艰险所必需的谨严态度、坚实步伐和探索精神。可以说，事情刚刚开始，就绽出了一抹预示着光明的晨曦，这无疑很有意义。

必须熟悉已有的研究成果，才能准确选取一些长期被忽略但颇具大局意义的问题，作为重点钻研对象。作者正

① 本书作者《后记》。引自本书者不再出注。

是这样做的。她说，在明末，“前人未曾研究的洪杨公案，对探求洪承畴的政治实力是一个很好的突破口”。为研究洪（承畴）、杨（嗣昌）公案，而广泛探索洪承畴的社会关系，特别是他的第一个婚姻圈，得以了解洪在明末的政治实力的社会基础。易代后，“洪承畴与清廷及满族贵族之间的关系，是过去研究中的薄弱点，尤其是满族史角度来看，更是如此”。这是构成清初洪承畴问题的核心。本书紧抓不放，深入挖掘和剖析赐婚、第二个婚姻圈、火神庙风波、抬旗、孙可望降清后洪氏遭到冷落等等一连串的史实。此外，书中还对洪承畴的家庭关系、个人思想意识，以至明、清、朝鲜三方关系等问题做了研究。洪承畴在东南的任务是消灭隆武政权等抗清力量。本书揭出隆武五路北伐中兴明室计划和洪承畴的应对方略这样的全局，完全笼罩了该地区这个期间的历史。洪承畴在西南为清朝尽力，虽没有实现消灭永历政权的目标，但他构筑了一条通向胜利的必由之路。他做了些什么？谁知道？本书抓住长沙经略幕府的构成和活动，广泛地从政治、人事、军事、财政诸方面铺叙了洪的战略思想和措施。本书对洪承畴背明降清是采取批判态度的，但比一些多用情绪化语言为洪承畴歌功颂德者更能说明洪承畴为清人征服全国做了什么。光有观点，而不能撷取充分的、可靠的史实作为论辩的基础，是不行的。本书尽量探索了明末以来涉及洪承畴的史实。前面列举的诸钻研重点，构成了全书在史实方面大大有别于已有论著的崭新面貌。我敢说，在本书以前还没有一种洪承畴研究论著深入了到这样的历史层面，有的只是在个别点上稍一接触就止步了。我是书稿的第一读者，初读书稿，就深感后生可畏，产生了一种长江后浪推前浪的压力。这就是发展，就是前进，就是创新嘛。

令我特别留意的是，本书题名《洪承畴与明清易代研究》，论述洪承畴后半生 20 多年的历史，也就是降清、随清兵入关、为清朝建立全国统治效忠的历史。这是他一生的关键。清兵入关是一个复杂的事件。史学界对它的看法存在很大的分歧。这不奇怪。重要的是要有一种对历史的责任心，对民族的深厚感情，不能曲学阿世，不能搞实用主义，实用主义一定会产生歪曲，引出荒诞的结论。分析、判断的原则，只能是历史主义，实事求是，把问题提到一定的历史范围之内，依据事实说话。这是不可动摇的原则。当时最明显、突出的事实是：（1）满清皇室先世从明初开始就是东北卫所武官，他们所代表的满族（女真人）就是明朝臣民，中国边疆的一个少数民族；（2）他们崛起于东北一隅白山黑水之间，自努尔哈赤反明自立，开始隐没与明朝的传统关系，称明为“仇国”[①]，清兵入关后多尔衮还称明为“中国”，自称“我国家”[②]，顺治也强调满洲与

① 《清太祖武皇帝实录》卷 3，己未天命四年十一月初一日。
② 《清世祖实录》卷 6，顺治元年七月壬子。

明“本为敌国”[1]，甚至雍正仍坚持明为“中国”，自居为“外国之人承大统者”，相互间“则邻国耳”[2]；（3）明末农民起义激烈，李自成、张献忠等都建立政府，与明朝争夺统治权，力图取而代之，但国家并没有分裂，不存在由谁统一的问题，如果说有分裂，就是后金（清）自立为国；（4）清兵入关，实行屠城、掳掠、剃发、易服、圈地、缉逃等民族屠杀、民族压迫政策，激起官民猛烈反抗；（5）清兵入关后满族才真正开始融入中华民族的过程。从这些事实出发，依据满族（女真人）与明朝长期的历史联系，考虑入关后满族完全融入中华民族的历史发展，清兵入关应是国内民族斗争的表现，说成与倭寇、西方早期殖民者、帝国主义列强的侵略一样，是不妥当的。当然，国内民族斗争也有是非，有正义、非正义的问题。清兵入关是以征服者面目出现在历史舞台上的，实行屠杀、掳掠、人身奴役等政策，是非正义的。尤其严重的是，自称建国，自己抹杀作为国内民族、明朝边疆武臣的地位。把这些政治表态放在当时的环境中，不能不削弱清兵入关作为国内民族斗争的意义，使性质向着国家间斗争倾斜、转化。这个问题很尖锐，不能睁着眼睛不顾，装作不知道。也很复杂，

① 《清世祖实录》卷86，顺治十一年九月己丑。
② 《大义觉迷录》卷1，《清史资料》第4辑，中华书局，1983年，第6、7页。

一些实际的矛盾、矛盾的事实搅合在一起，不像黑白易辨，泾渭分明，必须多角度、多方面慎重地加以审视、判断。有些议论，将清人进行的战争誉为“轮流坐庄”，甚至抬为“统一战争”，显然经不起史实的检验，是不但完全蔑视明人正义，也完全无视清人立场的自说自话。

历史不是一团橡皮泥，可以由研究者随意捏塑，它是消逝了的客观存在。史学也不是玩物，它要尽可能地复原历史真相，给以符合实际的评述，“不第以征文比事，侈翰墨，供渔猎为也”。史学作为一项科学的作用和责任，是净化人类灵魂，规范社会行为，“补化工之不逮，佐刑赏之未周，褒诛不私于恩怨，是非不贷于黈纩，网罗不添于幽潜，摭拾不逐于风影”[①]。因此，史学应有鲜明、公正的是非感，秉笔者对自己应该要求审慎、严格。清兵入关，明清易代的斗争，其中一定有许多历史教训，许多歌颂什么鞭笞什么的问题，它决定像洪承畴一类在风口浪尖上起关键作用的人物，其言行自己要做出解释，别人更不免评说。这个过程早在洪氏生前就开始了，后人的评说延至数百千年也不会终结。每个对国家、民族负有责任的人，都不免接受历史的审查；有罪行的人即使逃脱了法律的惩办，也躲避不过道义的审判。这是必然的。

① 屠中孚：《重晖堂集》卷22《杂著·谈史》。

崇祯得知松锦大败后感到悲痛，相信洪承畴已不屈殉国，谕祭九坛，专祠奉祀，誉之为“节烈弥笃”[①]。大臣也称赞他“清方正直，精敏忠勤”[②]。这虽属误判，仍标志着审查、评说过程的开始。降清一经证实，朝野都会拿他说事，甚至同为降人，也因他职责更重大、影响更恶劣而对他揶揄嬉笑、冷嘲热讽。顺治十六年（1659 年）春，洪承畴随军进到昆明，永历十一年举人江彧谒见，请求参加清朝会试。洪承畴表示，允许崇祯时举人参加会试，永历时举人不许与试。这当然是清廷的政策，但江彧故意质疑洪承畴个人，对这样的区别讽刺说：“吾知之矣，崇祯先帝曾为公设御祭九坛，固公之恩人，其所取士得为举人，许其会试。永历先帝，公之仇也，所取之士亦仇也，其不许会试，宜也。”[③]洪承畴听了，既恼怒又难堪，无法反驳。康熙元年（1662 年），洪氏七旬初度，勋贵故旧争相致祝，但谀寿文“最难措辞，盖其在明朝时之位望勋绩及入清朝后之位望勋绩，皆赫赫在人耳目，而此间转捩一二语，虽善于舞文者无能为力也”。危急关头对国家、民族的伤害，

① 《兵部行确察洪承畴等殉节塘报互异稿》，《明清史料》乙编，第 4 本第 398 页。
② 佚名：《崇祯长编》卷 2，崇祯十七年正月己酉，引史可法奏疏语。
③ 刘献廷：《广阳杂记》卷 4，中华书局，1957 年，第 181 页。

被钉在耻辱柱上，不是轻易能够解脱的。但社会上美恶并存，薰莸同在，决不会缺少践踏正义、迎合权势之徒，“一落魄书生为献一文，中有数语，云：公以为杀吾君者吾仇也，杀吾仇者吾君也。承畴大赏之”。看来，洪氏受不住道义的拷问、煎熬，揪住了一根救命稻草。此落魄书生可推为洪氏辩护士先锋。其辩护词苍白诡诞，有人只用几句尖刻、滑稽的话就把它驳得体无完肤[①]，辩护词还完全颠倒时间顺序，洪氏是早在所谓“杀吾君”“杀吾仇”以前降清的[②]。“杀吾仇”解释不了他何以把战场敌人作为新君向其跪拜。这里涉及的问题毕竟具有根本性，一个国家、民族要在危机四伏的世界上生存，不能不维护天地间的一点元气。传统史学必须严肃正视自己的责任。

本书无论从清理史实或从进行论断说，都是继承和发扬我国史学的优秀传统的。关于洪承畴降清的原因，本书

① 李伯元：《南亭笔记》卷3，旁人批驳书生语云：“然则有烈妇人，其夫被害，而曰杀吾夫者吾仇也，杀吾仇者吾夫也，可乎？抑有为子者，其父被害，而曰杀吾父者吾仇也，杀吾仇者吾父也，可乎？”大东书局，1919年，本卷页1。可知书生辩护词在方法上完全不合逻辑。

② 洪降清在崇祯十五年（1642年）五月。李自成进京，致崇祯自杀（“杀吾君”）则在十七年（1644年）三月，洪降清在一年又十个月前；清军追击李自成，致其被害（“杀吾仇”），在顺治二年（1645年）六月，洪早在三年前已降清，与二事毫不相关。

以史实为基础进行深入分析，否定想当然的诡词美化诸说，论定乾隆强调的“畏死倖生，靦颜降附”说为真确[1]，是人性的弱点在洪承畴身上的表现。本书不仅从政治、军事、外交等角度，指出洪承畴降清的严重后果，还从社会文化心理结构的角度，结合史籍和口碑，进一步指出它的久远影响，无论从时代要求和个人品质说都是不光彩的，是对民族精神的重大破坏。由于对入清后洪氏活动有深入研究，史实充分，使这些论断很有说服力。全书对各种人和事的论析，也都不离实事求是的原则。这些都具体表现出作者始终把握和贯彻历史主义精神，符合唯物主义的历史观。古人云：“置身处地，借境处时，于万难措办处，观过可以知仁，于千般遮饰处，一言可以定罪。”[2]史学只有追求真实，追求真理，才能拥有这样强大的征服人心的力量。

我在一开始谈到作者青年阶段的成功时，曾指出她治学的种种优长之点。在这里我要特别强调一下她的勤奋和探索精神。她读博士时表现出来的勤奋、长时间坐冷板凳的恒心和毅力，一直为导师和同门所称道。天道酬勤，这对她的成长起了很大作用。她探讨问题，喜欢穷追猛打，刨根问底。在校完成作业，研究南明瑞昌王朱议汸和宁藩

① 《清高宗实录》卷1022，乾隆四十一年十二月庚子。
② 罗明祖：《罗纹山先生全集》卷10《史旁》，裘兴祖：《史旁序》。

宗室朱议漇问题，就已反映她这种特点。史学研究原忌浅尝辄止，就一些人所共知的史事，发一些不痛不痒的议论，说对也对，说错还真未必，或者发一些耸人听闻的议论，哗众取宠，与历史实际并不大相干，而就是没有经得起推敲的新鲜的深刻的东西，实际上这就是平庸，永远不会产生激动人心的成果。史学至此，其发展就停滞了。与此相反，她是以深入清理史实为基础进行分析的，问题或大或小，总有新的内容，有所发明，有所进步。这种特点，很符合我的心思。记得她来历史研究所后，我曾对她讲过一种搜集、发掘史料的方法。我说，看到一条历史记载，如果觉得它很重要，就应该追寻下去，根据这条记载涉及的人和事提供的线索，进一步搜读各种有关的史籍，以这些史籍反映的情况为新的起点，扩大读书找材料的范围，得到新情况、新启发，这样扩大、发掘下去，直到解决问题或线索完全断绝为止。这种方法我借用一种古代虐刑的名称戏称为“瓜蔓抄”。本书作者搜集史料的方法与我的“瓜蔓抄”相类，而研究、解决问题的视野则更广阔。她研究洪承畴江南招抚任上活动，抓住隆武五路北伐中兴战略。隆武是中兴壮志凌云的君主，五路北伐的记载是符合他的为人的、可信的。然后她追踪五路大军具体组成、动员和行动情况、失败原因、洪氏的对策，最后归结到明清实力因此而消长，和洪氏个人的功过、遭遇进行分析，显示出难得的步步为营的功力。研究洪氏五省经略的活动，以长

《洪承畴与明清易代研究》书影

沙幕府为中心，是很准确的。从追寻其人员组成开始，再探讨其活动，分析由此反映的洪氏的战略思想和战略意图、幕府的成效。洪氏镇压西南反清力量的活动，很全面很深刻地反映出来了。这些事例在体现作者的探索精神上是很典型的。

海英不是自觉地投身到史学研究的行列中的。可以说，她懵懵懂懂地捡了一个烫手的山芋，选择了一份艰难的职业。从外部条件说，治史之难首先在于常与匮乏结缘（当然也有发了财的，但毕竟是少数）。现代人重视追求富足的生活，本无可厚非。但史学著作作为学术著作的一类，虽有社会意义，却没有很高的市场价值，在市场经济条件下举步维艰。王锺翰先生强调说："研究历史发不了财，所以要有受苦过穷日子的心理准备，也就是说要有一点牺牲精神，心甘情愿地坐冷板凳。"① 因此，要能够把握住自己，心定神闲，不要见有利可图，就加以迎合，削尖脑袋往里钻，否则就有成为秽史作者的可能。从史学本身特性说，治史之难尤在于以后人而追踪前代社会人事，环境全然不同，范围十分广泛。正如宋人苏洵所说："甚矣秉史笔者之难也。讲闻有限则弗遍，意见先入则多偏，野史笔记多恩怨好恶之口，滥述谀碑多故吏门生之笔，好恶

① 王锺翰：《清心集》，新世界出版社，2002年，第27页。

或关于时讳，否臧或碍于世家，知几愤于十羊九牧，韩愈卒于窜定不全，皆有以也。”[①] 又如清初人赵而忭所说：“以一人之好恶而定万类之是非，以有限之见闻而综无穷之言行，故曰史之难也。”[②] 清人万斯同则感叹：“史之难为久矣。非事信而言文，其传不显……而在今则事之信尤难，盖俗之偷久矣，好恶因心而毁誉随之。一室之事，言者三人，而其传各异矣，况数百年之久乎？故言语可曲附而成，事迹可凿空而构。”[③] 他们从政治社会环境的障碍、根据的不充分不可靠、道德的沦落、思维的局限等等多方面论述了治史的艰难。这就说明，治史要做出成绩，对作者自身的条件要求也很高，要求具备良好的“三资”，“三资者，才、学、识是。落笔惊人，才也；博极群书，学也；论断千古，识也”。[④] 再加上德，无私无畏，德也，成为“四资”。能达到此境界者，难得其人。选择以治史为终身职业者，只有作出最大努力，缩短自身与“四资”要求的差距。可以肯定，本书还需要接受广大读者的检验，作者不

① 袁黄：《群书备考》卷1《诸史》，引苏洵（老泉）语。
② 赵而忭：《二十一史得失评》，田茂遇选《燕台文选（初集）》卷7。
③ 方苞：《方望溪先生全集》，《望溪先生文集》卷12《墓表》，《万季野墓表》述万斯同语。
④ 计六奇：《明季南略》卷16《跋》，中华书局，1984年，第523页。

能自满，征途漫长，必须继续充实自己，弥补不足，准备迎接更大的科学挑战。作为犬马齿痴长的同事，我对作者寄以厚望。是为序。

2004年12月5日草定2005年4月8日增补讫

原刊杨海英著《洪承畴与明清易代研究》，商务印书馆，2006年

《南明史事镜窥录》序

南明历史无疑是中国古代史中最激动人心的一页。南明与清的斗争，是争夺全国统治权的斗争，也是民族斗争。它长达四十年，具有全国规模，你死我活，没有调和、妥协，而最终却是地广人众的明朝完全失败。虽然如此，但沧海横流，风云翻变，战事的惨酷，斗争的艰苦卓绝，慷慨赴难、从容就义的壮烈，以及其中蕴含的许多用血肉凝结的教训，不免使高天变色，大地震颤。因此，南明史成为史学研究中久远的热门课题之一。

然而，南明史研究自有其特殊的难度。最主要的是一般史学研究资料的不准确性、不完备性，在南明史研究中为尤甚。一个最明显的例证，是南明方面的地下复明运动基本上不为人所知。像其中的李之椿案，虽涉案者遍及数省，遇害者多逾半百，即功力深厚的学者邓之诚、柴德赓等先生也茫然不知其为何案。历三百年陈寅恪先生才揭出这座长期不化的冰山之一角。在《柳如是别传》中破天荒地就钱谦益、柳如是夫妇的地下反清活动，做出深入的描述，并概括出“复明运动”的概念。陈先生做的，对于南明史研究，意义重大而深远，但所涉及的内容，也只是复明运动长河的一股细流。而踵武前贤，后续的研究接踵者数十年来仍然寥寥可数。为什么？资料的障碍阻塞了研究的发展。我们得承认，南明史资料不可谓不多，但这些资料的状况，正如清朝的南明史家李天根所说，“讹庞伪杂，是非淆乱”[①]。又如徐鼒所说，“漏略舛错，不可究诘”[②]。除了技术的原因（信息不灵，传闻失误等等）、时间的原因（历史记载长期保存、流传过程中的损毁、流失）这类普遍的破坏因素外，南明史资料的厄运，首先为明朝内部的党争所累，党争形成意气，积累仇恨，导致记载和立论的偏颇、隐瞒、歪曲、捏造，虽秉笔者号称正人君子，也容易失去平心静气对待事实的客观立场。弘光朝的崇祯太子（南太子）案表现得很集中、突出，从黄宗羲《弘光实录钞》按语疑南太子非伪而反以北太子为伪，就反映出党人中正人君子的心态。而使南明史资料遭到更大厄运的事态，则是清朝的禁毁政策。从顺治初没收函可手稿《再变记》开始，一直到乾隆借修《四库全书》进行全面清查和

① 李天根：《爝火录·自序》，浙江古籍出版社，1986年。
② 徐鼒：《小腆纪年附考·自叙》，中华书局，1958年。

大规模禁毁，清朝对南明史文献做了令人痛心的篡改和清除，损失不可胜计。许多复明运动大案在《清实录》中竟然不着一字，方志等地方史书也尽量加以掩盖、抹杀，如杨鹍空敕案即是有力的例证[①]。佚名《福王实录》、释明心《永历纪年》等史籍以及许多重要的诗文别集，都在修《四库全书》时遭到禁毁而完全亡佚。这是南明典籍和南明史本身的大劫。

这就表明，南明史事的重建，南明史料去粗取精、去伪存真的任务的尢比严重性。

香港大学明清史专家马楚坚先生研治范围广泛，对南明史尤其钟情，成就斐然。近期他将其历年所撰南明史论文，辑为《南明史事镜窥录》一书面世。我与楚坚先生虽然接触不多，但曾拜读他的《明清边政与治乱》《明清人物史事论析》两大册论文集，对他在明清史包括南明史研究方面的卓越建树早有了解。今夏承他驾临寒舍，促膝晤谈甚欢，并承惠赐我未曾寓目的南明史大作复印本，更增加我对他的钦佩之情。

楚坚先生的南明史研究，扎根于深入掌握资料和研究信息的基础之上。他透彻了解这一段历史资料的局限。他回顾南明史学史时，曾强调，“经清之文禁，不胜其数的

① 参见何龄修《五库斋清史丛稿》，学苑出版社，2004年，第239—240页。

南明史籍为此而散佚，迨高宗《四库》之修，禁毁尤甚，残缺日益增多，所存者多属以清正统立场所撰史书而已”。又说，清人中“敢于从事（南明史）研究者亦不外奉清为正统而言，避讳史事自多，于是南明史实因而更错综复杂”。南明史文献“经康雍乾间文字狱及乾隆藉修《四库全书》而将之禁毁，以杜人口，致是南明史籍、笔记，与相关之文集等皆散乱不堪”。还指出，“惟明清之际，是非难分，每囿于个人主义，或党争、门户、土域之见，致负流俗之谤，或有意误导时人与后世，指鹿为马，故虽高风若黄宗羲、王夫之先生亦如此，遑论同时之人”。这些论析针对南明史资料中的问题，说得很精辟。因此，楚坚先生研究南明史，首重史实的重建，揭露记载的诬罔、错讹，恢复历史的真实面貌。他坚决主张：“当以时人文集、笔记、史籍，及利用对方——敌人记载，清人档案、奏议、顺治康熙刻行方志互勘、梳理，尽力‘考核真相’。”[①]这是科学的研治南明史的路线，是抓住了南明史要害的。

《明末何吾驺相国之生平与志节》《论史籍载二张三入长江年月之讹》《南明永历阁臣郭之奇忠节考》等文，是表现他这一学术路线的典型而披荆斩棘写出的论著，辨析精微，举证充分，剔假求真，确当有力。在进行此类研

① 马楚坚：《南明史上存在的一些问题及应予关注之路向》。

究时，楚坚先生很重视挖掘新史料，使用新方法。这是他的南明史研究一项重要的特色，是继承、发扬陈寅恪先生重视新材料、新方法，推动学术新潮流的传统的。他研究何吾驺，利用出土数十年但未被开发应用的黄士俊撰何吾驺墓志铭为主要资料。研究郭之奇，则利用劫余仅存的《榕东郭氏族谱》，特别是其中较详尽的《郭忠节公家传》。在使用新史料时，他广征博引其他史籍，与新史料细致对勘比证，务求切实可信。关于二张北伐的研究，他不仅利用《皇明监国鲁王圹志》这类出土资料，还引用清朝档案，用明、清双方记载互相对照、证发，得出历史真相。为探讨郑成功与李定国会师愆期史事，他挖掘出尹源进《元功垂范》、连成璧《蹇余录》等新史料。因此，他为南明史上先烈的事迹正本清源、辩诬除枉，一些重要史事的时间、地点、人事、过程拾遗摘隐，纠偏求实，得出许多深层次的答案，做出不少突破性的成绩，正是稳稳地捕捉住南明史资料的特点，有针对性地进行不懈努力的结果。

有人曾借用传统学术概念，戏言现今史学仍然存在汉学与宋学的分野。这里显然是指在学术倾向上，一些人重考据、重资料，一些人重义理、重议论的现象。我们不妨从这个角度看楚坚先生的南明史研究。他可以说是以汉学为基础结合宋学的南明史家。他的南明史论文在在都表现出这个鲜明的倾向。他虽然重考据、重资料，却不是忽略而是喜欢阐发义理的史学家。如他探讨郑成功应李定国勤王愆期问题，通篇依据可靠的史实，一一阐明其中蕴含的政治意义，指出郑成功热衷与清朝妥协[①]，以保存郑氏势力，轻视李定国开创的中兴机会和决策，引而不发，实际上无心勤王会师。他揭出郑成功任命默默无名、又曾拥立邵武而与永历为敌的辅明侯林察为西征主帅，与李定国会师，充分暴露郑成功对会师虚与委蛇的私心。林察西征玩忽贻误，一贯严厉治军的郑成功却仅予薄惩，更加表现出其不可告人的初衷。郑成功西征这一人事安排，是研究郑李约期会师问题的一项关键史实。楚坚先生是揭出它的政治意义的第一人。这种地方最能反映学者观察的敏锐、思考的深刻。他的每篇论文差不多都有《结语》，集中发挥论文的义理，给人启迪。

楚坚先生也很重视研究信息的掌握。他所作题为《南明史上存在的一些问题及应予关注之路向》的讲演，分晚清至 1949 年、台湾、内地、外国四节所做的评述，和对所存在问题的剖析，说明他对南明史研究的历史和现状有透彻的了解。即使有现代信息技术的帮助，工作做得如此周到、详细，并且有自己的评价，则许多论著仍需要目验。讲演稿指出南明史研究当前存在的问题和继续前进的方向，这些思考当然有助于他自己的研究，对广大南明史

① 当然，由于郑芝龙降清，芝龙在清人手中，使郑成功地位虚弱，处境艰困，不可不考虑。

研究者、爱好者说来则完全是金针度人的工作。读此讲演稿足可对逾一个世纪的南明史研究整个进程，有一个清晰的具体的完整的理解。我自己就在港台和外国南明史研究情况的问题上深受教益。

楚坚先生关于南明史研究存在的问题和继续前进的方向，共指示八点意见。我还想就其中第七点复明运动略作申说。复明运动是史学大师陈寅恪先生开辟的南明史研究新领域，研究以反清复明为宗旨的地下政治活动。清初全部反清复明的斗争可以说有明暗两条战线，抗清武装起义是明的战线，地下复明运动是暗的战线。两条战线的政治目标一致，其忠贞、勇毅、残酷、激烈亦无少异。但极可痛心的是，复明运动史事被清方削除、篡改、隐瞒最为严重，以致其过程、面貌被历史洪流淹没二百余年，至今仍然云遮雾罩，迷茫一片。应该说，这是南明政治、军事历史研究的一大缺陷，在这里存在着拓荒辟芜、洞幽烛微、拾遗补阙的很大余地。我认为，应紧步陈寅恪的后尘，先作复明运动个案的和分地区的研究，然后作综合的全局的研究。这方面研究做好了，整个南明史将发生较大的改观，呈现千姿百态、丰富多彩之妙。从已知的情况看，江浙是复明运动史研究的重点，北方、中部、西南状况尤其模糊不清，都不可忽略。顺治康熙年间的清朝档案提供了很多线索，诗文别集、笔记、野史、方志也有蛛丝马迹可寻，甚至官书并不是完全没有删余刊落之处。抓住线索，调准方向，穷究狠挖，锱铢不遗，必有水落石出的收获。在这里，浮光掠影、粗枝大叶的作风，浅尝辄止、朝三暮四的态度，不能有丝毫容身之地。陈寅恪研究钱谦益、柳如是夫妇的复明运动，钩沉索隐，百折不挠，其方法、其精神都是我们学习的典范。回想我自己的经历，我研究杨鹍空敕案，就是《国寿录》的《节死杂记》栏下关于余鹍翔、杨卓然、于在镕三条都不足五十字的记载，引起我注意追究，牵出一个惊心动魄的连环大案。而我研究江西等处的另几起复明运动，则因毅力不够、方法失误，遇难而退，很快放弃。这给了我自己启发，才有以后的一些研究。楚坚先生服膺陈寅老的史学，对陈寅老开拓的这一南明史新天地有浓厚的兴趣。他提出的第七条意见，反映出他精当的见解。今夏他曾向我提出如何研究复明运动的问题，显示从事这方面研究的意向。如果我的感觉不误，可以预言，他一旦实现自己的想法，必将有丰硕的成果面世。我怀着期待的心情祝他成功。是为序。

2006 年除夕写定于五库斋

此据手稿

《论明清时期的对外交流与边治》序

浙江大学徐明德教授将其有关明清对外交流和边疆治理的书稿编排、整理，准备出版。感承不弃，遥征小序。拜读徐教授的书稿，深感他做了很好的工作，书稿内容丰富，意义重大，令人钦佩。

应该说，本书是徐明德教授史学研究和教学工作大半生的小结，一座个人的学术丰碑。据他《自序》说，这是从他四十多年来的大量著作中选辑的精华和一生心血的结晶。这就说明，他经营此书是严格、郑重的。我只质疑其中的“一生”二字。他虽然年届古稀，但健康状况良好，学术上成熟，定能续写辉煌，则此书无疑具有他的学术生涯中里程碑的意义。

明清史研究在近三十年来有显著的发展，连对外交流、边疆治理这样一类涉外课题，也逐渐成为热门。我所在的中国社会科学院，甚至成立了颇具规模的边疆研究中心，可见这类课题已得到广泛的重视。明清的涉外问题，与前代有很大的不同，明清以前各代基本上是与亚洲近邻各国发生交流和纷争，自海洋远程航路开通以后，接踵而至的天主教耶稣会传教活动扩展和殖民主义势力东来，改变了明清对外交流的格局和内容，边疆治理也面对新的复杂局面和严重压力。自明代肇其端，到清代逐渐被完全卷入世界资本殖民主义体系，明清国家面对前所未有的新形势。毫无疑问，加强这方面历史的研究，在科学上具有重要和迫切的意义。本书对此做出了自己的贡献。

在涉外领域的史学著作中，本书具有明显的特色。作者既重视对全局性问题的研究，又在放眼全局时偏重这一领域中的乡里（浙江）人物和状况的研究。其中乡里人物于谦、宋应昌、许都、张煌言、胡雪岩（胡雪岩虽非浙江人，但长期在浙江活动）等，都成为他的研究重点。对外贸易则除南澳外完全以浙江宁波、双屿、乍浦和杭嘉湖地区为论述范围。研究明清之际耶稣会士在华活动也有类似的情形，既有全面的整体的论述，又以多在江浙活动的艾儒略、金尼阁、卫匡国为典型做深入钻研，这是很高明的，可以减少同行研究撞车的可能性，而显示出自己的特色，也有利于对相关历史问题的调查和理解，也许还有乡邦文献可供利用。这表现出一个成熟的学者在择题上的机敏的考虑。

本书在内容上也有突出的特点。例如郑和研究，远的不说，百余年来中外史学都热衷此一课题，著作如林，但都围绕郑和下西洋（和南洋）史事展开。徐明德教授独具慧眼，另辟蹊径，发现郑和下东洋（日本）不止一次，而是三次。郑和下东洋的历史远不如下西洋辉煌，但他七下西洋，三下东洋，才恢复了其历史的完整性。这是拾补阙遗、彰发幽潜的工作。百余年间国内没有一位专家、学者发现这段长埋的历史，足证没有力透纸背的识见，再加上专心致志的钻研，专注于攻克这一学术难关，绝不可能取得这样的成果。我没有研究过郑和，现在病躯也无力复检本书引用的史料，并不认为徐教授这一工作无懈可击，但仅据书稿，我就感觉所引据的记载，以及作者在记载与记载间建立的联系，具有相当的说服力，因而支持徐教授的发现。又如白头军研究，也是明清史学同行津津乐道的一个课题。就我所知，只有本书提供了一篇较详尽的白头军全史。这篇全史，一开始研究白头军主帅许都的家世，就依据宗谱推翻了传统史籍的错误记载，发挥了乡邦文献的独特效用。全书各部分都挖掘出许多令人耳目一新的史事和人物，特别在白头军抗清斗争、支持郑成功抗清复台，涉及评价白头军的重要历史作用方面，显然使江浙的抗清斗争历史更为丰富多彩。本书的其他章节莫不同样显示出作者治史的功力。

学术争论是学术发展过程的常态，也是学术进步必不可少的动力。本书有些章节研究的是极富争议的问题（如郑和出使日本、汪直评价、王得禄和蔡牵评价、资本主义萌芽、传教士作用估计等），在含有徐教授提炼的重大新史实、概括的重要新结论的章节，传统的说法往往像梦魇一样纠缠人的头脑，何况学人本应牢记多闻阙疑之义，作为治学的座右铭，因此争论几乎不可避免。面对争议，我们只有以百倍的努力，寻求更周密更坚实的论证，并且等候时间老人评判，坚持真理，修正错误。郑和下东洋碰到激烈的质疑，日本的冈本健一先生甚至认为这是“中国人的幻想”。冈本先生明显言重了。既然宫崎市定教授已经提及此说，可见郑和下东洋论也是“日本人的幻想”（如果宫崎教授没有举证，则是天才的推论，而按冈本先生的说法，这就尤应是“日本人的幻想”了）。当然，要解决这样的问题，只能靠冷静、严格的科学研究，不能情绪化。明清史料浩如烟海，我们期盼徐教授继续搜寻进一步的证据。下东洋是一件大事，为什么从事实发生之日起约一百五十年后始见于记载，毕竟需要强有力的解释。徐教授称之为三次秘密出使，了解建文帝踪迹，“使命特殊”，“必须避人耳目，进行暗访隐察，要求中日两国官书和实录都不准记载”。这些话好像就是针对性的解释，但不知有何根据，而且似乎也不是圆满的说法。因为郑和的出使实际上不是秘密的（秘密出使是由使节个人或少数人悄然进行的，有的使节甚至隐瞒身份，如小说所写赵武灵王之访秦），相反，倒是浩浩荡荡、十分张扬的。第一次“统督庞大水师官军舰队”，第二次“舰队仍具有一定规模”，第三次“统督楼船水军十万”。每次下东洋无须保密，他都有堂堂皇皇的名义，第一次是宣谕登极诏，第二次是恢复中日贸易，第三次是商讨征剿倭寇，都是奉使的正当理由，足以掩饰任何其他特殊使命。因此，郑和出使东洋不像下西洋那样明著于当时官方史册，似应另有原因甚至隐情，有待揭发。此外，下东洋细节的真确性还可以进一步研究。史事时间记载错误、缺漏、矛盾，在史书上屡见不鲜。三下东洋基本可信，但辨析更细、论证更充分则更好。彰发幽潜是克服重重困难的工作，要足以服人，谈何容易。有怀疑，有争论，其实是好事，将弥补个人考虑的不足，利用对立方的驳议，展开新的思路，推动问题的深入和圆满解决。我从本书举此一例，热烈希望徐明德教授在开展新的重大课题研究时，仍抽出时间回顾已有成果，进行深化，使之发出更灿烂的科学光辉。

清初文学家、学者廖燕说：“古人作序，便如一篇列传，其人容貌性情皆可想象而见。”[①] 我与徐明德教授相识于改革开放初期，然以南北遥隔，联系、请益不够，了解必然受到限制。更重要的是，我的文笔陋劣，思维疏浅。小序恐怕不能符合廖燕所立标准之万一，不过拜读徐教授

① 《二十七松堂文集》卷9《与黄少涯书》（2），上海远东出版社，1999年，第217页。

书稿，聊写点滴体会。我很惭愧，对本书所论，大都感到生疏，实在无权置喙，因此我的议论可能也是无知妄说。虽然如此，小序表达的我的钦佩之情，却是一片真诚，发自心底的。是为序。

2006 年 3 月 20 日于北京五库斋

原刊徐明德著《论明清时期的对外交流与边治》，浙江大学出版社，2006 年

《大明庆靖王朱櫇》序

宁夏大学历史系教授白述礼学兄新作《大明庆靖王朱櫇》一书，千里征序，嘱语殷殷。我与述礼同窗同庚，聚首五载，关系亲密，感情契合，虽自知所习明史知识浅薄，亦何敢推辞？我俩乃同以第一志愿考进北京大学历史系，但在分配专业时，他选择了世界史，我则喜爱中国古代史，这就影响到我们各自参加工作以后学术上的交流和了解。直到他寄给我他发表的一些有关俄国和中亚历史的论文，我才多少知道他的研究所达到的深度。2006 年底，他赠寄一册宁夏人民出版社 2006 年 12 月出版的《大唐灵州镇将》。此一大作查出唐代历届灵州镇将、最高长官 100 余人，为其中过半数的 60 人写了详略不一（因各传主传记资料多寡不一）但都同样剀切、生动的评传。我自己做过史可法扬州幕府人物（主要为文职人员，只有个别担任武职的文士）的研究，所得人数与述礼研究唐代灵州镇将人数略同。我深知这类研究的艰难。但就研究准备时间长短、唐与明清资料存世多寡而论，我的研究与述礼的研究相较，其难易又不可同日而语。因此，述礼此项唐代灵州镇将研究成果所展示的披沙拣金、阐幽发微的功力，令我佩服。

《大唐灵州镇将》也说明述礼的学术研究领域，从世界史转到了中国古代史。这是一个不小的跨越、一个角度颇大的转折。俗语说“隔行如隔山”。中国古代史业内行话，也将本专业研究比作“铁路警察，各管一段”。从世界史到唐史，不知翻过了多少山、跨过了几多路段。而这正是我们北大历史系世界古代史老师胡钟达先生转向内蒙古古代史的道路。扩而言之，也正是我们世界中世纪史的老师齐思和先生的学术道路，齐先生的《中国史探研》已经成为名著。述礼走上了我们的老师胡钟达先生、齐思和先生的学术道路。唯一不同的是胡、齐两先生的跨越是在年力壮盛时早已进行，而述礼虽然早先有过宁夏古代历史研究的文章发表，但真正的学术转折，则发生在退休以后那段休闲与奋进并存的时期。不管怎样，没有深厚的学术基础，这样的转折或兼治是难以完成的。

近来，述礼又给我寄来了他撰写的《大明庆靖王朱㮵》一书的草稿。他又转到了明史，令我深感惊讶！老实说，长期以来我就有史学是最容易出错的学问的看法，并反复申说过。社会太复杂，信息的了解、记录、流通、传世的困难太严重，史学涉及的方面太广泛，我们的认识力太不够，决定史学工作者稍一不慎，照顾不周，其研究和撰述就出现纰漏、发生错误，用“动辄得咎”四字形容这种错误的多发性，是一点也不夸张的。所以我对跨度过大的学术转折，总视为凭我的能力难以应对的挑战，抱着望而生畏、栗栗危惧的心理。对于述礼又转到研究明代宗藩的历史，我一方面固有的思维发出多少有些疑虑，另一方面又不能不佩膺他在科学事业上的雄心壮志以及征服艰险的毅力勇气。在科学的研究上没有平坦的大道，只有不畏劳苦沿着陡峭山路攀登的人，才有希望达到光辉的顶点。述礼的攀登精神，老而弥笃，我是自愧不如的。

明朝的宗藩是明史上一个大课题、一个重要的问题。明朝封建诸王，无非利用血缘关系，“诚欲大启藩封，俾光世守”，又边镇重地，“遥制特难”，也想依靠宗室诸王，“延错万里，优以声灵，顾盼特重”[①]。随着时间渐渐长久，宗室的发展产生一些严重的隐患，在政治上强宗崛起，尾大不掉，构成对皇权的威胁；经济上伴随大量王府庄田建立，州县土田日削，国税日割，国家坐受其累；社会上不肖宗室横行无忌，肆意妄为，蹂躏乡里，凌轹百姓，如“武冈州岷宗素横，每每强占人田房子女”[②]，甚至发生宣德间周王宗室“有熺掠生人肝脑诸不法

① 查继佐《罪惟录》，《志》卷25《宗藩志总论》，浙江古籍出版社，1986年，第923页。
② 包汝楫：《闽南纪闻》。

事”[1]。于是，防微杜渐之方、削藩废藩之议频频被提出，检讨反省之论、亡羊补牢之计相继上闻，纷纷扰扰，迁延以至明亡。但是，有识之士挖掘根源，还是归咎于对待宗藩的制度和政策之不善。明末清初思想家顾炎武指出：“然则自古以来待宗人之失，未有如有明者也。庸疏而舍戚，内羁而外亲，既不得筮仕为吏，而复限之于国城之中，若无罪而拘之者。故其不肖者怙侈放辟以为民害，而其贤者亦仅仅守己洁行，学为词赋，以自附于文苑之徒。于是举天子之宗，无一人焉任国家之事……”[2]史家查继佐感叹：“明制处同姓诸王大不如古，盖势所然也。而又善后之无其时，亦善后之无其法。即善后之有其法，而不果行。究之国计坐以诎，其衰也，维城无所赖。”[3]可见，宗藩问题，关系明朝政治、经济、文化、国防、社会民生等诸多方面，乃至国家兴亡大局，至关重要。研究这一课题，其科学意义不言而喻。

应该承认，中国近现代史学在这上面做得是不够的。王毓铨先生《明代的王府庄田》这样的著作，是其中罕见的优秀成果。以藩王为中心内容的研究，只有任遵时先生

①《明史》卷116《诸王·太祖诸子传》，中华书局标点校本，第12册第3566页。
②《亭林文集》卷2《诸子斗诗序》，《顾亭林诗文集》，中华书局，1959年，第34页。
③《罪惟录》，《志》卷25《宗藩志总论》，第2册923页。

《周宪王研究》、陈子波先生《宁靖王纪念集》等，为数寥寥，与问题的重要性很不相称。究其原因，还是因为史料不充分而分散，集腋成裘，完成一项研究，殊非易事。

今读述礼《大明庆靖王朱㮵》草稿，以开藩宁夏第一代庆王事迹为主，其后续历代诸王事迹为次，撰成一书。筚路蓝缕、披荆斩棘之功，明显可见。明朝封建诸王的作用和副作用，在书中都得到反映。宁夏在明朝是九边的一处重镇。庆靖王朱㮵受命管理庆阳、宁夏、延安、绥德诸卫军务，就是说太祖朱元璋把九边中的宁夏、延绥两个边镇的军务都交付给他，让他承担起边镇安危的重大责任。他在屯田、水利、治河、兴学等事务上也作出成绩。但是，明代宗藩遭受防范、限制太厉害，其正常的精力、才干被压抑、糟蹋，或转向“学为词赋”而成为诗文作家，或崇尚不正当暴力而成为逆臣民贼，在庆藩世系下都有其人。庆靖王本人吟诗填词、选文撰志，记录和描绘他生活过大半生的边塞，成就斐然。其后裔中不乏被誉为“才子王爷”的继起者。其曾孙辈也出了冒险家、反叛朝廷的安化王寘鐇，牵连在位的庆王台浤获罪被废。万历二十年（1592年），宁夏哱拜反，庆王府系统有王妃、郡王等表现忠诚、勇敢，增添了光彩。庆靖王及其后人复杂、曲折、丰富的历史，经过述礼的认真钻研，做了比较准确的论述。

地方史的著述，是中国史坛近30年来绽放的一丛鲜花。这是中国史研究深入发展的表现。不少省区陆续推出了本省区的通史或断代史，规模一般都较大，作者有集体也有个人。其中颇有质量优良的著作。四川社会科学院著名明清史专家王纲（土家族），以个人之力，经多年收集资料，艰苦钻研，著成百万字的《清代四川史》，其方面之广、内容之详、分析之深，在同类著作中实在罕见。但史学同行和领导者对这类地方史著作似乎重视不够，评论较少，更缺乏扶植、鼓励的措施。述礼写成两书，其中心是宁夏史，也属于地方史范畴。从论文、专著开始，他将来还会有什么新的创作，我不大清楚。但即使他不再去完成新作，也已经是为后继者做了打基础的工作。述礼是陕西人，当今的陕西和宁夏在明代同属陕西行省，在地理上有紧密的渊源。述礼从青年时代到宁夏踏上工作岗位，大半生生活在这片土地上，把聪明才智都贡献给了这片土地的建设。他对宁夏有深厚的感情。宁夏地方史课题的研究，是他这种感情的集中表现。这也是他的浓烈的爱国主义精神的集中表现。只要他的健康条件允许，他的这种研究是不会停步的。我祝贺他不断取得成功。

是为序。

原刊白述礼《大明庆靖王朱㮵》，宁夏人民出版社，2008 年

《明清回族进士考略》序

大学同班杨大业学兄新纂《明清回族进士考略》，将付剞劂，诚征小序。谬承抬举，让我序其大作，据他说是因我支持他这项研究，曾建议他为考得的进士编号，又将包含其第一批研究成果的文章刊登在我与郭松义兄实际负责编辑的《商鸿逵教授逝世十周年纪念论文集》（商师母指定我与松义兄实际承担此项工作）上。但我知道，更重要的是他支边回京后我们来往密切，友谊深厚。他知道我有病在身，不无顾虑，就再三说："随便写点什么，不必太花力气。"我也力求打消他的顾虑，就说："我知道。好在写序最自由，随意发挥，没有拘束，不会太费劲。"但我心里明白，古人为真有价值的著作作序，是非常严肃、认真的，不仅要求为所序的著作发挥精义，彰显优长，概括特点，而且要求起作者列传的作用，阐述其为人为学，想见其性情容貌。明清之际文坛巨子钱谦益拟序诗人方文《翕山集》，对方文表示："应酬之文，俄顷可就；若序君集，必酝酿半年始成。"[①] 由此可见，写序也应纳入学术创作范畴，有较长时间的研究过程。我写定此序，自觉与古人对序言的要求还有较大差距，当然主要是我的学力不够，大业兄为我规定的时间过短也是重要的原因。

大业兄走向史学研究的道路是曲折的。1958 年秋我班毕业时，同学们服从分配，没有二话。他去宁夏支边了。"文革"后回京，一时找不到合适的工作，勉就大学英语教席。1985 年，他才正式归队，教课、进行史学研究。他是回族，主要探索回族历史人物和文献，后来又确定以考证明清回族进士为中心课题。从其自述 1989 年探证 20 名回族进士算起，至今纂辑成书，告一段落，此一中心课题的研究已进行了 20 多年，最终考得明清文武进士 330 人，这只是两朝回族文武进士的一部分，而不是全部。

史学研究是一个长期工作和不断思考的过程。将全过程分割成若干时段（阶段），给每个时段规定需要达到的目标，需要完成的任务。这种分割当然不是绝对的，会有一些重叠进行的情况发生。如果把史学研究简单地划分为两大时段，则第一时段是查清史实，要广泛搜集史料，对

① 方文：《翕山续集》卷 3《五言今体》，《岁暮哭友·钱牧斋宗伯》。

史料进行严格的审查，谨慎、准确地做好去粗取精、去伪存真的工作，为进一步研究重塑历史，准备充分的可靠的史料。在查清史实的基础上，研究进入认识历史事物性质、提炼历史发展规律的下一时段，即第二时段，主要依靠抽象思维、对史实做理论概括。有人分别戏称之为“汉学”和“宋学”。《明清回族进士考略》虽然还是“汉学”时段的学术成果，但也不是轻而易举、唾手可得的。我敢说，那种下笔千言，倚马可待，或者每天写3000字，不写好不睡觉的“专家学者”，是做不好这样的工作的。

这两个时段的研究，都有难以渡越的“天险”。我曾经做过史可法扬州督师期间幕府人物考证，文人幕客共得111人，包括还有遗留问题没有解决的14人在内。与大业兄的研究约略相似，因而亲自品尝过其中的甘苦。为了挖掘史可法扬州督师期间的幕客，特别是沉潜在社会较低层、似乎已在历史车轮的转动中消失了的幕客，有一些关键问题需要得到明确解决：落实其人的史可法督师幕府幕客身份，确定所掌握的情况即属其人的情况，确切了解其人的结局。看我两次为这些研究所做的补正，遗留问题不得其解的人数之多，就知道这项研究之不易。大业兄的研究也面临类似的困难。他手中握有的较现成、较完整、无需大力加工的资料，只有一份明清文进士名单，里面有籍贯等简单信息。明清科举考试，考生填报履历，没有民族成分的栏目。他必须进行考查，从两朝进士中找出回族进士来。

明清进士总数庞大，文进士 5 万有余，武进士恐怕也以千、万计。撒网普查不可行，那完全是大海捞针。他首先要寻找线索，有针对性地进行考查。线索还是有的。迭次读其刊发的稿件，我想他是从两朝进士中拥有回族特有姓氏者，籍贯为回族聚居区者，文献、实物和口碑或有记载或有蛛丝马迹可寻者，找到了所需的线索。然后是根据这些线索，进行切实、深入的研究，找出可靠的书证、物证或口碑，就所考查的具体人的回族进士身份，做出认定、存疑或否定的结论。作者认为，这是最棘手的。如果认定，则要为其撰一简历或简传。这项研究，看似简单，做起来可不容易。解决问题，最重要的是书证。但古人记载和写作，并不是为后人做考证准备的。因此，让考据家苦恼的是，经常遇到资料的零落、残缺、中断。少数民族史料尤甚。数百年中，文献的毁坏、佚失严重，众所周知，使资料不足的状况加剧。此外，书证即使存在，它在哪里？目录学知识不敷应用，只有广泛翻阅。有些资料常是巧遇。这种种困难，倍增大业兄考证的艰辛。我们看他为了确定陕西临潼进士张国祥的回族进士身份，并不满足于地方志张国祥本传关于张氏“丧葬不用佛事”的记载，因其并非铁证，他继续搜索更具说服力的证据，广泛介绍张氏家乡临潼遍布清真寺的环境，直到获得张国祥书丹的《小皮院清真寺重修真教寺记》碑文，才为张国祥民族问题定谳。

张国祥不是穷乡壤而是通都大邑（省城）附近的军籍进士，没有发现文献提到他的回族出身，只能多方搜集证据加以落实。这种实例，既表现出作者卓越的学术功力和持之以恒的治学精神，又说明《明清回族进士考略》是与作者投入的时间和精力相称的富有价值的著作。

回族是唐宋以来东迁中国境内定居的波斯人、阿拉伯人、中亚人的后裔以及与当地民族融和而成的，是中国一个独特的民族。在形成过程中，他们既保留宗教、习俗、服装、饮食方面的一些伊斯兰传统，又根据需要，接受、吸取了中国的儒家传统文化。回族进士和科举系统回族人物的涌现，是回族与儒学结合的反映。大业兄这项研究，对回族史、中华民族形成和发展史的研究，具有重大的科学意义。进一步说这项研究对民族接近、交流、融合的一般规律的理论探讨，也增添了生动的实际例证。史学大师陈垣曾宣称准备撰著《元明清回回科第表》，但一直没有完成。回族学者白寿彝是实际从事这项研究的揭幕者，但他不是以此为专题，并且限于云南一省。此后60余年这项研究完全沉寂，不再有人提起。因为这毕竟不是一般的课题，倘将课题比作山谷，则堪称史学中的一座险峰、一条幽谷，不是抬腿就可以攀登可以跨越的。把查得330名明清回族进士的《明清回族进士考略》摆在同一课题研究史的发展链条上看，我们就会强烈地感觉到这部著作焕发的光彩。

大业兄在他最好的年龄段，把自己的才华贡献给边疆了。他投入史学研究只有20余年。在一些有自大狂、“老子天下第一”心理的人（这类人我见得多了）心目中，他的“专著”太少，不足以称为“著作等身”“功成名就”。但他无愧于本民族、全社会，在他半个世纪以上的工作中，他贡献了自己的智慧、才干，且毫无保留。康熙时人李光地提倡学习古人，无论诗文，“不浪作。今人一年刻一集，有何益处”？[①] 我引述李光地的议论，不是附和一本书主义，为少写、低产辩护、呐喊、唱颂歌。当然，确有心得、新见，不妨多写。我是为高质量、为学术创新写赞语。一天3000字，一年百万言，我很怀疑其学术价值。列宁主张重视质量，大声疾呼：“宁肯少些，但要好些。”[②] 大业兄的科学实践可以当之矣。谨序。

原刊杨大业著《明清回族进士考略》，宁夏人民出版社，2011年

① 李光地：《榕村续语录》卷19《诗文》，中华书局，1995，下册866页。
② 《列宁选集》第4卷，人民出版社，1972年，第698页。

《孟心史学记》编后记

2006 年春夏间，三联书店编辑部的朋友约我帮助编一本《孟心史学记》。我对三联书店忽然提出这样的计划颇觉意外。因为孟森先生虽然是中国近代明清史研究的一位杰出奠基人，史学界许多人心目中明清史学的泰山北斗，但在对他的学术的研究和宣传方面一向又较为冷落。以孟先生著作的出版论，他的论文集经过整理者商鸿逵先生严格筛选，才得以在中华人民共和国成立十年后出版，他的专著杰作《明元清系通纪》在中华人民共和国成立近六十年、孟森先生去世将满七十年才由中华书局出版。这可说是我们学术的一种尴尬。《孟心史学记》的出版计划，说明三联书店编辑部选题的眼光。我很乐意做这件事。因为我一向自认为孟门再传弟子（孟先生学术衣钵传人商鸿逵先生是我的老师），为祖师爷学术发扬光大编一本书正是我的责任，岂敢推辞。时机也很好，不久就将迎接孟先生诞生一百四十周年，正可借此表示纪念。于是我答应成为主持此项工作的编辑的助手。在工作进行中，我才得知此书就由我来编辑，三联书店不另出专人。这样我又犹豫起来。首先是因为我不懂得什么是“学记”。我琢磨，也向朋友请教：它是一种传统的学术史体裁吗？它应该收录什么内容的著作？这书如由我编，可是要我出主意的事情。从已出版的一些学记看，某人学记既收有关其人学术思想、成就、方法、风格、传承、影响等等的文章，知人论世，也收有关其人经历、人品、嘉言懿行的文章。1984 年，三联书店编辑部所发《蒙文通学记》约稿函说：“希望川中对蒙老学术成就确有认识体会者，写出学术性论文或记叙文，阐发他超越前人、补史证史的功力。同时组织熟知蒙老的学人，就他的治学方法、待人接物等等，写出学术性的回忆。”[①] 约稿函规定的正是这样两方面的内容。依我的理解，以其为学记，更侧重于阐发其学术的方面。文章作者则首选门弟子（专辑门弟子文时特称“问学记”），实际上很广泛，友好、后学，包括广大读者、仰慕者都可以执笔，但需要“确有认识体会者”。这样看来，我觉得《论语》仿佛即其滥觞，是最早的学记（问学记）。我因推辞不成，自觉有所领悟（实则似懂非懂，可以照猫画虎），

① 蒙默编：《蒙文通学记·增补后记》（增补本），三联书店，2006 年，第 318 页。

就默认了三联书店的要求。

具体到孟先生，我们还要确定一些事情。我们还得将视角集中到其史学成就上。诚然，孟先生厚德多才，但他是以史学家名世的，他的主要成就在明清史，这也是为他编一本学记的惟一的决定因素。至于他的其他事迹和成就自然不应忽略，好在后来有了专文绍介，不致成为缺陷。这是关乎全书内容范围和重点的问题，必须首先明确的基本判断。而最为难的是，现成的关于孟先生的认识性、回忆性文章很少。当年他的四位很亲近的学生商鸿逵、单士元、张鸿翔、吴丰培，只有商先生写有关于老师的专文，其他三位都付阙如。记得曾听王毓铨先生说过，他在北京大学读书时，最喜欢与孟先生谈话，但他从来没有写过文章就这些知识含量很高的谈话做点回忆。杨向奎先生也很尊敬孟先生，同样没有写过回忆孟先生的专文。因此，我们决定辑录孟先生本人关于治史的语录，同时广泛辑录诸多论文、日记、函件等文献中对孟先生的点滴回忆和议论，以增加字数。这是初步摸底后就定下的。

经过不到一年的积极工作，全书编定。

整个工作过程对我是很大的教育。我读着前辈学者的专文和片断，那些对孟先生学术的分析、赞叹，令人十分感动，加深了我对心史先生的认识。我和我的同辈人（王戎笙、罗仲辉、商传等）没有受过孟先生的直接教育，只是学习、研究、领会他的著作和人生。回想我当年撰写孟先生诞辰一百二十周年纪念文章，只是因为商先生突然辞世，纪念孟先生的活动无人操办，急于秉承商先生遗愿而作的，实际上就我的学力而论可谓鲁莽从事。当然，每个人看问题都是从各人的世界观、历史观、价值观出发的，我不是指因此影响对事物的分析，我是说，要想对孟先生的学术有深刻的理解、允当的评述，需要在史学上特别是明清史专业上对应地拥有足够的功力，而我的差距、欠缺就太大了。因此，我的工作浅薄、疏漏是必然的。我们这一代人也老了，在研究、宣传孟先生学术上不可能再有大的作为。然而，孟先生学术的流传、发展不绝如滚滚江河。最令我兴奋的，是新一代孟先生学术的喜爱者、研究者开始登台亮相。本《学记》辑入的孙家红、尚小明两先生的专文，其特点是研究更加深入、细致，反映了孟心史学术研究的新气象，显示出心史先生学品人品强大的吸引力、感召力。

本书虽由我署名编辑，实际上是集体完成的成果。王戎笙、郑克晟、陈生玺、商传、单嘉筠、邱居里、孙家红、尚小明等先生（女士），作为作者或作者后人，不仅同意将作品收入本书，而且帮助我们收集其他材料。其中单嘉筠女士是孟先生高足单士元先生幼女，自学成材。她专为本《学记》赶写一文，并提供珍贵照片和孟先生手迹复印资料，在一定程度上弥补了没有其令尊专文的缺憾，盛情可感。邱居里女士仔细覆检了自己原稿目录，改正错误，补充新材料。陈智超、曹广顺等先生也热心给我们找文章，陈先生关注尤多。我把两项专题辑录委托我的同事、忘年友孟彦弘先生完成。我知道他知识赅博，兴趣广泛，藏书丰富，定能胜任愉快。他欣然答应承担，如期交卷。两辑内容果然琳琅满目，使我深感惊喜。“治史语录”凝聚孟先生治史实践心得，“杂忆杂评”虽属点滴片断，不成系统，却有许多画龙点睛之笔，闪耀着孟先生为人为学的夺目光彩，足资启发、参考。此外，三联书店编辑部实际上与我一道工作。我们密切联系，及时通气、商量，解决问题，许多事尤其有关交涉的事都是由他们去做。没有这些热心帮助、真诚合作，不可能把书顺利编出来。我对各位先生（女士）表示衷心的感谢。

本书即将付排，我请同事好友、本书作者之一王戎笙先生一展他的书法风采，题写书名。戎笙先生建议从郭沫若先生书法资料中集字，并且很快就集好赐寄。我对此深为感谢。郭老是我们历史研究所的老所长，他的书法极富神韵，为本书大大增添光彩。

《明元清系通纪》是“可以补明清两史的阙漏，揭发清世隐讳之秘密的一部空前伟著”[1]，在孟先生著作中具有特别的地位。我强烈期待本《学记》能收入至少一篇谈

① 吴相湘先生语，见所著《我的业师：孟心史先生》。

《明元清系通纪》的论文。为此，我曾约请在京几位同行撰此重头大文。但写好这样一篇文章谈何容易，何况大家都各有自己要忙的事情。我企望再三，最后仍难如愿。这是我编完本书后最大的遗憾，一种怅然自失的情绪笼罩心头，久久挥之不去。我期待高明来哲写作此文的心情也更为殷切，即使来不及收入本书也没有关系。

还有几个具体的问题要说明一下。

本书所收文章，只有郑毅生（天挺）先生的大作《孟心史先生晚年著述述略——纪念孟心史先生》，由其哲嗣克晟先生依据毅老《〈心史丛书〉序》手稿略作增补[①]。陈生玺先生的大作，是从《清史研究概说》一书摘录有关部分而成，由作者另拟标题，并就文末一小段增补数语。其他诸文都没有修改、增删。诸文关于孟先生的生卒、字号等等，有不同说法，我们也没有统一，有的问题还留待研究。吴相湘先生有《明清史权威孟心史》一文，刊于《民国名人传》第一册，内容、结构与《我的业师：孟心史先生》略同，我们就没有收录。又《孟心史先生的遗诗》，发表时署名罗莘田，莘田即著名语言学家罗常培先

① 《〈心史丛书〉序》系毅老应商鸿逵先生要求，为其所整理、编辑的《心史丛书》而作，后《心史丛书》没有出版，故此序也没有刊用。毅老去世后，由克晟先生编入毅老《及时学人谈丛》，中华书局 2002 年出版。

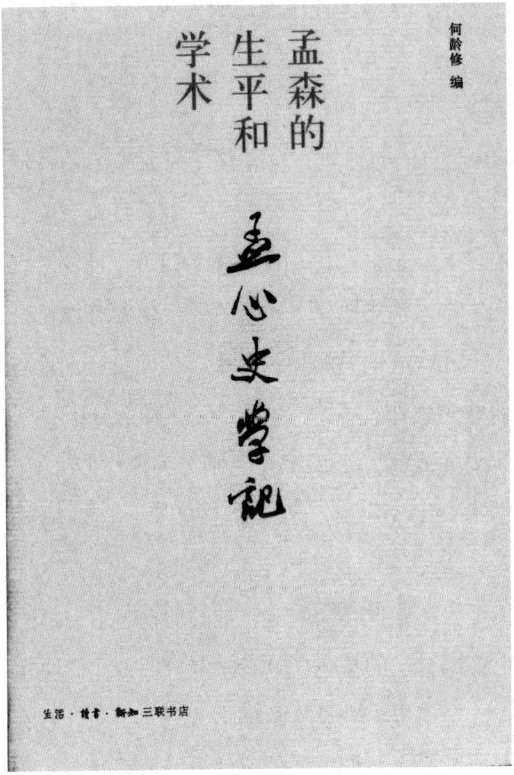

《孟心史学记》书影

生表字，换署罗先生通用的大名，特一并说明。

本《学记》文章次序，依据诸文的内容、体裁分出大类，各类内则仍视作品内容，结合考虑作者年龄、身份（由于学记的性质，自宜首选与孟先生关系较深的学生），进行排定。几个大类依次为：综合性论叙文、小传、回忆追述文、杂忆杂评、孟先生专门著作评议考订文，殿以孟先生本人治史语录，附录孟先生史学著作目录。

此次我们共辑得孟先生小传四篇，四篇各有千秋。王锺翰先生作《孟森先生传略》，着重分析和论述孟先生明清史学成就，王戎笙先生作《孟森小传》，评介其生平和学术，比较均衡。张惟骧先生作《孟森小传稿》、美国学者包华德编《孟森传记》，主要叙述孟先生经历，但包编传记更关注他作为政党领袖的活动。四传虽不免有所重复，但都因自己的特色而具有参考价值，我们决定一并收录。

全书提供完整文章的作者近二十人。现在还有几位作者或其后人我们不明情况，没能取得联系，深感抱歉。本书出版后，三联书店当继续寻求联系，如蒙作者或其后人得到机会主动与三联书店联系更好，三联书店将按规定致送样书和稿酬。

2008年正值孟森先生诞生一百四十周年、逝世七十周年。这是值得纪念的。预计本书出版发行适逢其会，正好成为献给孟先生的瓣香。这是难得的巧合，令人无比高兴。我曾从清史的角度说：“回首百年，给清史学贡献最大的，首推孟森。他给清史学提供的新的东西，至今无人能及。也就是说，至今无人提供出能与他比肩或更大的无愧于自己时代的清史学新成果。这是百年中涌现出的一位令人景仰的清史学大师。”[①] 现在中华书局出版了《孟森著作集》，三联书店推出了本《学记》，出版界为我们提供了研习的素材。但从《明元清系通纪》问世起已过去七十余年，而后人竟没有写出一篇研读此一巨著的心得体会的文章，检讨我们在学习、继承优秀史学遗产上所取的态度、所做的工作，也可见差距有多大。作为明清史后学，我们为此感到惭愧，我们不能忘记自己肩上那一份承前启后的沉甸甸的学术责任。在纪念孟森先生诞辰、忌辰的时候，我们应该利用这些最新出版的素材，学习前贤，步武前贤，光大前贤，超迈前贤，为明清史学的发展做出较大的创造性的贡献。

何龄修　二〇〇七年五月于五库斋，其后陆续有增改

原刊《孟心史学记》，三联书店，2008年

① 何龄修：《清史研究的世纪回顾与展望》，《中国史研究动态》2002年1期。

关于《清史稿》点校本修订工作的信

涉及“二十四史”、《清史稿》点校本修订工程的事务，我基本上没有入门。我研究清史，使用较多的是《明史》《清史稿》和明末以来问世的书，其中《明史》是问世二百多年的书，《清史稿》是不满百年的书，版本问题不是很突出，在思想上容易忽视。我做研究，引用《清史稿》很少，而是尽量征引更原始的文献。但这并不是说《清史稿》不重要，它是放在距案桌最近的书柜中，需要常备查检的书。它有严重的政治错误，曾遭受禁锢风波冲击和摇撼。我不认为应该不顾那些错误，但即使如此，它仍是迄今为止清朝全面、系统、完整、详细的旧体史书。作为清史研究入门读物，我还是认为读《清史稿》比《圣武记》好，能获得更广泛的知识。《清史稿》点校出版后发行情况和学术界利用情况，说明它还是颇有用处的历史著作。

现在启动修订工程，总的看在进行方法上有繁、简两种主张。做法从简的主张者，可以陈高华先生《中华本〈元史〉修订工作设想》为代表；而南炳文先生《修订中华点校本〈明史〉的初步设想》可以认为主张繁复的修订工作的代表。在说明我的倾向之前，先得了解校点这些史籍，应达到什么目标。毫无疑问，标点、分段，是为了方便阅读，问题是校勘。我认为，进行校勘，是为了消除史籍在传世过程中渗入的错误（错别衍漏），当然也兼顾因著作不慎而遗留的比较细小的错误。这是一个符合情理的有控制的目标。我们必须知道，书中的错误（还有缺陷）是各种各样的，有字词的（错别衍漏）、有事实的、有论断的等等。我们不可能消除著作中所有的错误，不能指望依靠校勘记把一种著作改造成十全十美的文本。即使是最简单的字词错误，依靠校勘记也未必能消除干净，更何况还有其他不能用校勘纠正的错误。例如，《清史稿·灾异志》的史料严重不全，像我们湖南在整个清代竟然没有水灾纪录。这样的问题毕竟不是靠校勘能解决的。我们还要知道，本校、他校、理校是校勘的基本方法，但有时引发错误的原因很复杂，靠校勘不足判定是非，考查、校勘的结果，不是改正、消除错误，而是适得其反，将正确改成错误，制造出新的错误。举例来说，陈寅恪先生《柳如是别传》有一处校改，将《明史》卷二六五《范景文》传中，崇祯“七年冬，起南京右都御史，未几，就拜兵部尚书”

句，“七年”改为“十年”[①]。其依据有本校，据《明史》卷二六四《吕维祺》传，维祺自崇祯六年拜南京兵部尚书，七、八等年并无被人顶替的记载。尤其有他校：谈迁《国榷》卷首（三）《部院表》上《南京兵部尚书》栏明确记载，“丁丑吴桥范景文”，丁丑即崇祯十年。陈先生有这些能够互相证补的史料，根据可谓充分有力，所以充满自信地改七为十。但是一查范景文自己所说，就会发现陈先生所改不对了。据《范文忠公文集》，知景文父永年于崇祯五年二月初八日去世，景文守制三年，七年冬服阕起用。景文《锡怀楼记》说：“某以乙亥之春承乏留枢。”《新建敌楼记》也说：“会余承乏南枢，则在乙亥之春。”乙亥即为崇祯八年，八年春就拜南京兵部尚书，与《明史》本传完全吻合。原来，《国榷》记载错误，而据《明史·吕维祺》传，八年正月维祺与农民军对抗中，江防不力，南京震动，尤其凤阳失陷，皇陵焚掠，大计拾遗，被劾除名回乡。南京兵部尚书因此空缺，才有范景文的新命。陈先生漏看此点，遂致校改失当，发生新错。理校更应慎用。陈寅恪先生在《柳如是别传》中考证陈实庵、皇甫及二人，都依通常“名与字号之关系”，推定陈实庵即陈子（于?）鼎、皇甫及即黄澍。但此“理”并非放之四海而皆准，结

① 《柳如是别传》，三联书店，中册第679页。

果作陈子（于?）鼎的对了，作黄澍的经查证为失误。这些例子说明，无论本校、他校、理校，都需要谨严、慎重、细致、周全。我觉得不妨认为，典籍中有许多错误，纠正它的工作属于研究的范围，而不是校勘的任务，应该留待研究者去做、去解决。这条线究竟怎么划？我也说不清楚。我只是想说，不要对点校、修订“二十四史”及《清史稿》工作悬过高的目标，动用过多的资料进行查证、改动，这样做不但投入过多，过于为原作锦上添花，而且有点越俎代庖，有时候会弄巧成拙。因此，我个人倾向从简的做法。

具体到《清史稿》，我认为当初进行校点就采取了非常正确的切合实际的方针。一是如他们自己说的：“我们所做的工作，以标点、分段为重点。”重点既明，好钢就都用在刀刃上。二是“所用的工作本是‘关外二次本’”[①]。选择是很准确的。因此，此次修订不必再进行版本校勘，但应研究台湾史学界和香港汪宗衍对《清史稿》的校勘成果，吸收其有用成分。辽宁社会科学院历史研究所张玉兴研究员对台湾的成果做了长篇评论，题为《评〈清史稿校注〉》[②]，拿来认真读读，会给我们一些启发。

① 均见中华书局编辑部《〈清史稿〉出版说明》

② 《清史研究》2003 年第 1 期，并见张玉兴个人论文集《明清史探索》

《清史稿》句读、标点和分段，应该继续列为重点，安排两人一组，若干组进行复查审读，经常交换意见，以统一对复查标准等问题的认识。句读、标点、分段的质量，显然属于表现精品图书的重要方面，也是此次修订工程质量的重要尺度。这方面工作完成的质量，对校勘任务相对减轻情况下的《清史稿》来说，意义尤其重大。我认为除清史学者外，应该约请古汉语学者至少一人进《清史稿》修订班子，有针对性地加强专业力量。

《清史稿》修订工作班子目前很难组成，主持人尤其难觅。因为清史纂修工程以其经费富余而把许多专业人才网罗进去。我认为解决的方法，是中华书局自己出面主持这个班子，工作地点也应该设在中华书局内，再到外单位物色几名工作人员，组成《清史稿》点校修订工程班子，作为整个“二十四史”及《清史稿》修订工程工作委员会的一块“试验田”。这样，可以利用自己的“试验田”试行设想，发现问题，总结经验，培养人材，具有多方面的好处。

我的意见可能很外行，供参考。

原刊《点校“二十四史”及〈清史稿〉修订工程简报》第7期，中华书局，2007年

附录

思精写佳作

——何龄修访谈录

杨海英

杨（海英）：何先生，我很高兴有这样一个与您交谈的机会，那我们也“鱼贯而入”、按部就班地开始吧。我想先听您聊聊家庭情况和生活环境，想来这些因素对您的个性、学问等都是有直接影响的。

何（龄修）：我是湖南省湘乡县人。我们何家到湘乡的是我曾祖父的父亲，就是高祖父这一辈，高祖以上就不清楚了，后来花钱与湘乡城前何氏通谱，这是流寓户本土化，以寻求本地宗族的保护。至于来的地方，我有个堂叔认为是安徽庐江，因为祖宗牌位上写着“本宗庐江堂上何氏先亲”。我认为是江西，因为咸丰年间江西太平天国和天地会造反，大乱，许多人都迁往湖南，所以我觉得从江西来比较合理。

曾祖父他们到湘乡后，很穷，无以为生，靠做纸牌维持生活。后来左宗棠在湘乡城隍庙竖旗招军[①]，我祖父说，曾祖父去了，而且马上就给了他一个什长，管十个兵，跟着左宗棠打甘肃，打金积堡，到新疆，光绪年间从新疆回来[②]。他在左宗棠部下应该是个下级军官，但有一定的功名。我小时候还见过曾祖母死时，人家送的祭幛，上面写几品军功什么的这类玩艺。他回家后就结婚、开店（即同林酒席馆），后慢慢发展起来，买了一点地，解放后定成分为工商业者兼地主，就是这样。

我祖父有两个儿子，一个是我生父，因我生下来就过继给叔父，所以喊他“伯父”；一个是养父，我喊他“父亲”。生父是头位奶奶生的，姓彭，她二十多岁就死了，第二个奶奶姓沈，生了我养父，没有儿女。在我父亲手艺成了以后（生父管账目，而红、白案，就是烹调和面点，则是我养父做），祖父就不管事了。我祖父有点文人习气，

① 按：此事应在同治年间。查《清史稿》卷412《左宗棠》：“（同治五年，1866年）会王师征西陲回乱，久无功，诏宗棠移督陕、甘。十月，简所部三千人西发，令刘典别募三千人期会汉口，中途以西捻张总愚窜陕西，命先入秦剿贼。”（中华书局，1975年，第39册12027页）可见何氏曾祖应即1866年十月所募三千员之一。

② 按：光绪初年左宗棠内调，内调后部队解散。参《清史稿·左宗棠》本传载“光绪元年，宗棠既平关陇，将出关，而海防议起”，在军机大臣文祥的支持下，左宗棠决策不罢兵，至光绪六年（1880年）七月，左宗棠入都备顾问，何氏曾祖回乡当在此后。

能识字、写字，又有一大帮子文人朋友，如许翰源，文人，自学医书甚精；贺云瞿，画家，我的中学老师；刘崙山，工艺美术家，我生父养父都喊他干爷，他给我家做的刘关张塑像，用胶泥和檀香灰，捏得极好，就供在我家神龛下边；还有邓熙宇，解放后我的印象是湖南省政协委员，会唱京戏，嗓门洪亮极了，躺在椅子上就能唱《桑园寄子》，运气很有功力。尽管我祖父是个厨师，但这些人都愿意跟他做朋友，说明他不是个很粗俗的人，爱摆弄字画、古玩、艺术品等，如祖父留给我一个印章，可惜磨掉了，但边款还在："汉泉先生正纂，乙未八月，散木。"[①] 还有张通谟、李汝航的条幅，张通谟是作家张天翼的父辈，张天翼的侄女是我老太婆的表姐。所以我家既是一个世俗的商人之家，也有一点文化气息，这就是我生长的环境。

另外一个是老式的大家庭里，规矩多，矛盾也大。例如我生父发展的人口比较多，四男（包括我在内）四女，死了二男二女，留下我哥哥、姐姐、妹妹和我。我养父没有子女，但他又是家里主要财富的创造者。这样产生的矛

① 按：邓散木（1898–1963）是我国当代著名的书法篆刻艺术家，别号粪翁、钝铁，自称"楚人"，中年以后（20 世纪 40 年代长期旅居沪上，著有《篆刻学》一书，参《邓散木厕简楼印存》前言、记略，华东师范大学出版社，1985 年），而乙未是 1935 年，因此这个印章应是邓散木旅居上海前的早期作品。至于邓氏与汉泉公的关系，难以悬猜，暂且存疑。

盾就难以克服，除非都度量宽宏，或需要一种亲情调和，如果达不到的话，利益矛盾就会爆发[①]，激烈的斗争难以避免。所以我的另一种生活环境就是上一辈人激烈的矛盾斗争，如吃着吃着饭，发生口角，连饭带碗就甩过去了，我养父比较暴烈，生父性格比较懦弱，虽然也吵，但没有打到流血的地步。我小时候看到这样的事情，经常心惊肉跳。这种环境给了我一点文化熏陶，也给了我观察了解社会（历史）的机会。

我生下来就过继给养父了，我不理解为什么祖父在养父那么年轻时就匆忙给他立嗣？养父是 1908 年生的。在我二哥出世（1929 年）时，祖父就想把他过继，但我生父不肯。到我出生时（1933 年）就没有理由拒绝了，所以我从小是跟养父母过的。

杨：您多大上学？学习怎样？怎么考的北大？

何：我上学的年头应该是 1939 年的下半年，5 岁多，不满 6 岁。1940 年下半年开始生病，第三册没念几天，1941 年整个在家里待着，病很厉害。病好后，重新学走路，再上学，一直到 1944 年的夏天，日本人来，开始逃难，那年是农历闰四月。1947 年秋，我考进湘乡中学初

① 何先生解释说例如解放后，祖父母都是我一个人管，我哥哥姐姐人口多，负担重，没有力量，有时给点吃用之物，但按月寄钱则一直都是我管。

中部，51 年春上高中（1948 年曾因肺结核休学一学期），对文科我历来比较有兴趣，但理科也没有放弃。我的语文老师施云[1]，是浙江诸暨人，讲课很生动，辅导作文用双轨制教学法，进一步巩固了我对文科的兴趣，我能进北大与理科成绩没有落下去有关系，但那时进北大比现在容易。念完高中 2 年级的第一学期后，就把我们合并到涟源一中去了。那年全国计划招生 8 万人，考生才 8 万多人，还包括我们这些第 3 学年没有念完的人。

我们生逢其会，正碰上一个很需要知识分子的时代，所以考大学很容易。当时我们白天考试，晚上许多人上戏院看祁阳戏。考试时，我一看会的马上做完，不会的想都不想，差不多每次都是第一个交卷。那时中华人民共和国建立才几年，迫切需要大大小小的知识分子，而识字的人不多，尤其是农村里，即使有也多是出身不好的人，一下子要培养那么多为新中国服务的知识分子还不是那么容易。我们班里有很多同学是地主、官僚子弟，土改前夕，受到冲击，纷纷参军、参干去了，学校里就剩下两种人：一是城里边的商人子弟，像我这样的商人家庭，家里边没有完全破产，还能念得起；另外一个就是农村里的富裕中农、富农，他们还相对安定。这样我们班从原来四、五十人，

① 参见何龄修：《半百春秋师生情——深切怀念施云老师》，《五库斋清史丛稿》，学苑出版社，2004 年，第 830 页。

走剩下一二十人，不得不与涟源一中（那时叫省立十五中）相同的班级合并，总共也才30来人，勉强对付开了个班。

我们的中学教员业务都很不错。我们县里边清末就有去国外留学的，端方那时是湖广总督，组织了好几期留学生，到日本、欧洲，其他省也有。我们有个英语老师叫彭灿，是蒋经国在江西的部下，施云是蒋经国在莫斯科中山大学的同学。有一次，施云代表中国同学在开会时讲话，由蒋经国给他当翻译。那时的教育水平似乎比现在高些，我们的老师，解放后有的调到大学任教去了，如数学老师沈立芸，他会用算盘开方，但我始终没学会。我在涟源的地理老师也是留日学建筑的，据他自己说回国后没派上用场，唯一的实践就是给自己盖了一座房子，自己设计。那时的留学生回国后的情况，没人做过调查，其实这也是很有意思的题目。而这些老师有的解放后下场很不好，非常之倒霉。

杨：您对北大哪些方面印象比较深刻？

何：我是1953年10月考进院系调整后的北京大学历史系的，那时全国综合大学历史系尚未全面推开改为五年制，只有北大先行一步试点。我觉得，值得强调的是，基本上是照研究人员和高级教学人员的规格培养学生的。从那些方面看出来呢？一是设置学科分工比较细，那时历史系分两个专业，历史专业和考古专业。专业下面分专门化，专门化下面再分小组，中国古代史有先秦、秦汉、魏晋南北朝、隋唐、宋辽金元、明清。我到学校后不久分专业，我是一志愿考古，二志愿也考古，后来班主任夏应元找我谈话，说你不能填考古，因为你有类风湿性关节炎，将来毕业后你不能去做田野工作，你只能学历史专业，那么历史专业就历史专业吧，我填考古也不过是想出去玩。然后就把我分到中国古代史专门化明清小组，当时有 4 个人，张仁忠、薛宗正、饶良伦（现在黑龙江大学）和我，是由袁良义先生指导的。

另外一个是开设的课程比较多，基础课、专题课、必修课、辅助课等等，上基础课的有很多名家，如张政烺、汪篯、邓广铭、许大龄、胡钟达、齐思和、杨人楩、张芝联等先生。其他课如考古学通论，夏鼐、苏秉琦等先生上的；原始社会史和人类学，林耀华先生上的；我们还听过中国法制史，外聘李祖荫先生上的，中国政治制度通史，聂崇岐先生上的。明清史主要是请吴晗先生讲明清史研究，第一讲是明清官制，第二讲是建州史研究，第三讲是资本主义萌芽问题等等吧，他也不发讲义，讲完就拉倒了。隋唐由汪篯先生讲唐代党争史，秦汉由翦伯赞先生讲秦汉史研究等等。我们还听中国文学史、教育学等课程，也可以去外系选课。

除课程设置细致多样外，还放手让学生看书，鼓励学生多上图书馆。进善本室规定是要二年级以上，还要系里介绍信，我一年级就混进去了，什么介绍信也没有，善本室赵凤歧先生知道我是一年级的，但他很鼓励我看书，只要不看小说就成。另外教给你做学问的一些方法，如邓恭三（广铭）师讲四把钥匙，商子上（鸿逵）师教我们围绕研究课题做资料长编，吴晗师、许大龄师教我们抄卡片的要点、格式等等。在此基础上，设置不同层次深入浅出的实践、实习，课堂讨论，归纳、写论文，从“习明纳尔”（seminar）开始[①]，到毕业论文的写作，我们受的训练确实比一般的高校要多一些，其他学校好多都没有这些。在这样的专业训练下，尽管我们有的同学长期不搞研究、写文章，但他们拣起来后做出东西还是像模像样的。如杨大业，毕业后分到宁夏教中学，文革中回北京，后到北航教英语，20 世纪 80 年代北大分校成立才回归本行，重新搞历史研究，这时离毕业已将近 30 年，再做科研，你看他在《清史论丛》发的几篇文章，都是按科班出身的路子做的，挑不出什么毛病来。所以我们还是念了一些书，这是好的方面。

不好的方面就是运动多、劳动多，相当得多，特别是

① 按：Seminar 就是专题讨论或研究，从二年级开始做。何先生说一共做了 3 个，第一个是范仲淹改革，邓先生教唐宋史时做的；第二个是上海小刀会起义，学中国近代史时做的；第三个是学中国法制史时做的，自己选的题目，清代的高利贷。

1955年以后，1955年肃反、1957年反右，1958年大跃进，肃清反革命、反右派、批个人主义，这些运动频繁、紧张。我们班上还有一个同学自杀，就是因为解放前参加过一个国民党外围组织，他自己害怕，跳未名湖死了。他叫李广海，年纪比我们都大，可能大四、五岁。

劳动也相当多。一是支农，到附近农村劳动，给颐和园修池子，挖烂泥巴。还有一个是顾诚在《我与明史》的文章中写到的，给档案馆整理档案，顾诚说从里边学到不少东西，我可能是没用心，没有学到什么。档案馆把档案运到北大来，我们整理。档案馆的人说我们班是做得最好的，整理得最准确，差错率极少，还让我们班的同学写经验总结，登在他们的内部刊物上。我记得是林华国执笔写的。

假期也组织劳动，到附近的农村生产队劳动。有一年夏天打虫子，左手用脸盆接，右手拿棍子，往庄稼上一打，虫子就掉到脸盆里，一盆一盆的，然后倒进挖好的大坑里埋起来。哎呀，那个虫子呀，多得不得了。冬天农闲时修水利、挖沟。1958年修十三陵水库，我们也去了，跟解放军比武。我在那拉肚子，劳动很重，饥饿感特别强，吃大窝头，吃多了不消化，吃少了不饱，那罪受大了。人要活动，要了解社会，适当参加劳动是应该的，但不要过多冲击学生的主项——学习。

学校里劳动和运动太多，把人的思想都凝固了，这对我们有重大影响。不然的话，解放后的学生们人并不笨，而且人是越来越聪明，为什么却没有很杰出的科学人才出现？尽搞政治化的运动、劳动，甚至连跳舞都要统一。还有做计划，预先把下个礼拜要做的事全都安排出来，写在纸上，白纸黑字，有的人甚至把拉屎都写上了，我说你要是突然拉肚子就不符合计划，就是计划外的啦，真是死板到了极点。这种气氛极不利于人的成长。

杨：那您再接着说说毕业以后到历史所的工作情况吧。

何：我是 1958 年到历史所的，在所里工作 36 年，从退休至现在又到第 14 个年头了。将近 50 年的工作、学习，大致可以分为两个阶段，以打倒“四人帮”改革开放为界。起初我没有自己的计划，听王毓铨先生的意见修改自己的论文，但刚开始做，就借调到历史博物馆协助工作，回所后做的第一项工作就是《太平天国运动史》。这原来是郭沫若先生的项目，调我们四个年轻人当助手整理资料。后来由于郭老工作繁忙，就嘱我们四人将工作做完[①]。参加

① 按：其他三人是王戎笙（负责）、龙盛运、贾熟村。郭老想在这部书中试验改进史学著作体裁，将传统的纪传体、纪事本末体结合起来，既能提供历史的纵的进程，也有利于横的问题的探讨和深入，可以说郭老这种史学体裁和内容改革的创新尝试基本上是成功的，缺点就是容易产生内容重复。此书 1986 年由人民出版社出版，有不少创见，如大胆地扬弃了《天朝田亩制度》是太平天国革命纲领的权威提法等，可参见。

这个工作对我有重大意义：同组其他三位同志都比我年长三四岁，且各有所长，各有特色，我在他们的指点下写作，在讨论中得到启发，比较容易进入角色，使自己学到的考证、分析、归纳、概括等方法得到全面的应用，很快就成长起来，我在以后的工作中就比较熟练了。

太平天国研究告一段落后，我又被调去参加山东曲阜孔府研究，这是研究组长杨向奎先生亲自发起、指导的。既要选编资料，又要撰写学术专著。孔府的主人是孔子的嫡长子孙，是一个源远流长的贵族地主，具有很大的典型性、代表性，既不为政治风暴所摇撼，也不因皇朝更替而沉浮，与其他贵族地主相比具有很大的特殊性，因此保存下来大量珍贵的私家档案。我们全组七个人住在孔府招待所内，在杨向老的指导下完成资料选编，从选材、校点、拟题、分类，最后撰写分类提要，回京后由他指导研究、写作并审改稿件。主要从政治、经济、社会三方面着手研究孔府，重点是经济史，我承担完成引言、地租剥削量和剥削率、额外盘剥、商业高利贷和屯、义集行税剥削，并通改全书，重写有的全节和段落。在我的心目中，由于首次使用独特而丰富的新鲜资料，此书是全面研究中国封建贵族大地主中写得比较具体、细致并含有许多独立研究心得的第一部书，具有开创性[①]。

《中国史稿》第七册是我参与完成的第三项写作任务，是文革中重要的国家任务，把我从河南明港学习班调回参加的。这项任务的完成，扩大了我的清史研究领域，使我重视研究清朝中期的一些历史问题，如农民战争、鸦片贸易、华侨史、文艺史等。例如，我当时收集了华侨出国和在侨居国生存的史料，才了解到他们血泪斑斑的境遇，叙述了华侨活动三个突出的特点[②]。虽然此书写作时，"极左"思潮泛滥，产生影响，但这个课题仍加深了我对整个断代清史的认识，是明显的收获。在写作过程中，还曾积极参加揭批"四人帮"影射史学的斗争，集体完成《历史的记录》《历史的审判》两书[③]。以上是第一阶段的主要写

① 按：此书由中国社会科学出版社 1981 年出版，日本同行臼井佐知子有专文绍介，国内如经济史专家许檀也有对此书的评价。

② 一是当时中国人出国谋生，受清政府的限制和勒索；二是不像沙俄或西方的某些探险家受政府鼓励、资助或派遣，有强大武装为后盾，华侨出国经常是犯禁的、遭政治迫害；三是华侨在侨居国的活动是民间的，出于个人经济目的，为着身家生存。具体参见《中国史稿》第七册，人民出版社 1995 年版，第 698—699 页。

③ 按：两书先后出版，《历史的记录——"四人帮"的影射史学与篡党夺权阴谋》，北京出版社 1978 年出版；《历史的审判——"四人帮"影射史学剖析》，中国社会科学出版社 1979 年出版。

作任务，一些扫尾工作跨越第二阶段。

第二阶段改革开放后，国家实施第六个五年建设规划。“六五规划”列入的《清代全史》《清代人物传稿》两项写作任务我都按规定参加了。《清代全史》我只承担了第二卷中的一节《台湾和大陆的重新统一》，主要精力放在与同事张捷夫共同主持《清代人物传稿》上编的工作。我参加主编和写作上编的第二、四、六、七、九卷（末卷我只参加写作）。在主编各卷时，我自己署名写作的传记只有 19 篇，重在拾遗补阙。我所作的王稼、褚人获、苏昆生、黄通、顾六、宋乞等传，可能是这些传主首次有的传记；所作的其他各传，也进行了新的探索，而以对刘泽清、马逢知、柳敬亭等的探索为最多。我做主编工作也从来没有轻松过。主编人物传时，有的稿子不能用，我得推翻彻底重写，但并不列名为作者。我受运动影响比较大，在分钱、署名这些事上我从来不跟人争。

杨：我想您第二阶段的工作成绩是否更大？这一点集中体现在《五库斋清史丛稿》中了。类似“读了就放不下了”，“对清史的发展做了很好的描述和概括”，还有关于柳如是别传的那篇“可以起死者于地下”，“在结合史料和理论方面做得最好”等等评价就是一个证明（原社科院科研局高德同志语）。您平常是怎么读书的？

何：我的阅读范围主要包括三类书籍；一是理论，尤其是马克思主义经典著作，除了领略其基本观点外，尤其视为改造、梳理、矫治、活跃思维能力的途径；二是古籍，以积累知识、积累史料、积累问题，为研究问题做准备；三是现代人的史学著作，学习其成果，检查其错误，对这类著作要尊重，要客观，不要鄙薄也不要迷信。此外，适当读一些文学作品和其他有趣的书籍，也是增长知识、学习表述、调剂生活的重要一环。在工作和阅读时，我比较注意思考，多问为什么，喜欢利用已有的知识检查所接触的问题。

杨：您的清史研究经验很宝贵，有哪些方面是不能忽略的？

何：对于自己的专业，我认为有两点不能忽略：一是要掌握它的特性，二是要了解它的历史。

记得在学校上马列主义基础课，知道斯大林说用哲学唯物主义研究历史，史学就“能成为例如生物学一样的准确科学”，我心中一直对此抱有疑问。后来知道已故著名史学家陈寅恪、傅斯年两位先生也说过类似要把史学建设得与生物学、地质学具有同样科学性的话。究竟应在何种程度上理解陈、傅两先生的宏论，我至今仍感到茫然。很明显，史学与生物学的研究对象完全不同，研究方法不同，依据的资料也不同，史学研究和著作存在强烈的阶级性，因此研究者、作者个人立场、观点、品质、能力对其科学性产生严重影响，而生物学学者对著作科学性的影响较小。历史研究能成为科学，按我的理解主要是就历史发展有规律可循论的，但它在科学的道路上发展蹒跚，有模糊的一面，经常存在缺失、悬案和空白，无法与生物学相提并论。只有顺应了史学特性，做起研究来才能节省力量，少走弯路，得心应手。

了解专业的历史，对我来说就是了解清史学的发展史，这样就可以避免重复研究，可以把握前进和突破的方向，对有关成果做出比较确切的评论，但这需要长期的积累，不是唾手可得的。我比较喜欢研究清史学史，阅读清史研究论著，其出发点在此。多读属于自己专业的论著，补充自己研究薄弱的方面，逐渐积累知识，对整个断代史形成整体的认识，对此断代的前后都有了解，在研究工作中很重要。历史是一个有联系有发展的无穷过程，任何单个的历史事件、局部的历史问题、特定的历史阶段，都不应割断其历史联系，孤立起来看待，而应放在其所处的历史环境中，从全局、从整体发展过程中，去发现其因果、性质、规律。例如把康熙、乾隆时期中国社会放到封建社会腐朽、衰败的晚期、世界进入资产阶级革命（政治革命、产业革命）、资本主义对外扩张的时代这样的大环境中考察，就知道对所谓的“康乾盛世”应该采取更加慎重的态度。虽然如此，清代前期的统治也有颇具光彩的一面。疆域的奠定、民族的交往、经济的发展等方面都有很大成就，与明朝相比较是非常明显的。我没有就清朝的历史地位、清史分期、清史大事等写过论文，但做过思考，并就这些问题给进修教师讲课，虽然讲课提纲也没有留下来。我对清史全局的看法很肤浅，但还是使我在研究中感到比较踏实。

杨：我曾看到网上评论说，清代学者段玉裁、王念孙作序能阐发论著精华，而你给我做的序也大体近之[①]。原话是这么说的："窃以为八十年代以来，天赋高、学殖深、定力稳的学者，我佩服者一为田先生余庆，次为何先生。二位为文极其谨慎，作品不多，但是每篇文章都能竭其史料，深入开掘，精心撰构，处处体现大家的风范，指引相关学科的研究方法。"

何：田余庆先生是我的老师，我哪能跟我的老师相比？我只不过按照老师们的教导努力去做而已，有的任务至今也没有完成。比如说，余英时写文章说陈寅恪作《柳如是别传》就是一种寄托，对没有听他夫人的话离开大陆很后悔。他把自己比附钱牧斋，将夫人比附柳如是。邓广铭先生就不以为然。20 世纪 90 年代时他曾跟我说："就算是后悔，值得写 80 万字这么厚的一部书吗？写首诗不就完了吗？写这么厚，不是笨伯吗？"我很同意他的看法，他认为我应该写文章进行讨论，但是我没有写[②]。他让我

① 参见杨海英《洪承畴与明清易代研究》序二，商务印书馆，2006 年。
② 参《含泪忆邓恭三师》，见《五库斋清史丛稿》，学苑出版社，2004 年。

好好读一下陈先生的《王观堂先生挽词》，关于陈先生写《柳如是别传》的问题，你就能理解嘛！所有前辈人吩咐我的事，我只完成了一件，就是写甘凤池[1]。杨向老让我写两篇文章，但写甘凤池费考证，写钱牧斋费思辨。你和王俊义都有研究钱牧斋的文章，而且写得不错，当然不是没话讲了，但这样我就偷懒了。

杨：明代陈继儒曾说“文章自古无凭据”[2]，您觉得什么样的文章可称得上好文章？有比较具体的评价标准吗？

何：学历史最重要的是要有见解。陈寅恪提倡“独立之精神”，“自由之思想”，这点很重要。北大历来有自由的传统，自从京师大学堂以后，蔡元培等长校，提倡兼容并包的思想，各种各样的观点、思想、文化都能在这里聚合，这样人吸收的营养是多方面的，丰富的，他的思想自然就深刻的。现在历史学界还是有人很勤奋，认认真真，深思熟虑做学问，有好作品。但存在的最大毛病，不是不写文章，文章多得不得了，就是缺少深刻见解，写不出新鲜的话来，翻来覆去那些非常死板的东西，看起来淡而无味，许多人还很喜欢这种玩意，真奇怪！读起来有味道的

① 《拳术家和反清斗士甘凤池》，刊《顾诚先生纪念暨明清史研究文集》，中州古籍出版社 2005 年版；另可参《风范长存——悼念杨向奎先生》，见《五库斋清史丛稿》。
② 陈继儒：《安分歌》，载袁啸波编《民间劝善书》，上海古籍出版社，1995 年，第 114 页。

很少。

举例来说，2008 年是孟森先生 140 周岁诞辰，我就想着重谈一谈《明烈皇殉国后纪》，为什么要谈这个文章呢？我认为人们对这个文章注意不够。一个人写一篇文章出来，要从两个方面看他的工夫。一是从大局方面看他说明什么问题，是否说明了；二是从细节问题看说明的基础牢不牢固，工作做得到不到家，这就是大局和细节、宏观和微观结合的问题，从这两个方面就能看出这篇文章好不好，这个人有没有才气。《明烈皇殉国后纪》从大局方面来说，我认为孟心史他要说明的就是清朝对明朝的遗胤很残忍，必须把他们收拾干净，这与明朝对清朝先世做边疆武官时的优待（他别的文章也谈到了）形成鲜明的对比，这篇文章的目的达到了。康熙皇帝怎么收拾那个王老头朱三太子？雍正时怎么树立一个很疏远的人做表面招牌等等，这些事情都很典型。明朝固然杀了努尔哈赤的父亲和爷爷，看样子确实是误杀，明朝后来给他做了补偿，虽然这个补偿跟失去亲人是不能比的，但误杀已经产生了。明朝对他先世历来给以厚赏，用他们去管理边疆问题，并没有挑起他们内部的斗争。这是从大局方面来说的。而从细节方面说，我认为最杰出的地方就是他揭出清廷以天启的任妃冒充崇祯的袁妃，来证明太子是假的。孟心史这篇文章重大的学术意义，除了我刚才谈的大局这个方面外，就是他给南、北太子案定案了。这篇文章一出来，北太子是真的，南太子是假的，再也没有反驳的余地了，结论是南太子案是东林党为操纵政治而搞出来的，北太子案则是清朝故意搞出来的。如果不是这样，太子确实是假的，又何必搞这一手？揭露清廷以任妃冒充袁妃的伎俩，这是孟心史眼光的敏锐处、尖锐处，从这些地方就看出他的才气来。后来我发挥了一下，说清朝把明朝皇室的那些人集中到北京，北京的人口应该增加很多姓朱的人，结果却没有。他比我高明多了，直接有力得多！如果把明朝宗室集中起来管制，也出不了事，潞王、弘光他们还能起来造反？其真正的危险性就在于他们的血统。反正我读了之后，是佩服得五体投地，我认为这是孟心史的佳作之一。

杨：这是否历史上的惯例？

何：不是，明朝对元朝也只是把他撵走了，金朝对南宋也没有这样收拾啊，到处找姓赵的，然后把他们集中起来收拾干净，没有那么干的[①]！民国对清朝的皇室是十分优待的，专门有皇室优待办法，溥仪还住在皇宫里，后来是冯玉祥把他赶出去的。总的来说，清朝入关时收拾反对者是很厉害的，当然细节方面可能有夸张的地方，但其坚定的目标是把明朝皇室差不多都要收拾干净，下命令要集

① 按：金朝对南宋宗室俘虏的处置办法，可参见王曾瑜先生对宋高宗母亲韦氏的考证，载《岳飞和南宋前期政治与军事研究》，河南大学出版社，2002年，第613—623页。

中到北京等等。说实在的，凭什么把潞王收拾了？那是明朝皇室里热烈欢迎清朝的第一人。所以我看完这个文章之后，最喜欢的就是用任妃冒充袁妃这一点，显示出孟心史的才气、眼光，所以细节很重要。现在有的文章平淡无奇，可能收集了很多材料，然后根据材料做出结论来，当然是正规的学术做法，但是总要有特别的，独到的地方，才能显示你的文章有独特之处。所以，我表扬你五路复兴什么的，显示自己读书时独到的眼光，有一点自己的发现在里头，自己独到的眼光，这就是才气的表现。

杨：这就是写文章的窍门吗？

何：也可以这么说吧。写文章一定要有一点显示自己才气的东西、发现在里头，不是太仓之粟，陈陈相因，这样看起来才新鲜，才激动人心。当然人都是从前人那里学习的，所以我强调读点理论，理论都是前人观察和实践的总结、升华。孟心史有很多题目都是从前人的书中来的，如《朱方旦考》，就是从民国初年某一清断代史中来的，我忘了书名了，他把它作为一个单篇论文，提出来研究了。人都是踩在已有成绩的基础上往前进，这是水到渠成的问题，不要为新鲜而新鲜，为才气而才气，不仅做不到，而且有时候会适得其反。如陈寅恪先生，他是大家中的大家，但他有时候钻牛角尖，例如把“腹亲”弄成“福晋”，就是钻牛角尖了。谨慎是需要的，但谨慎过度，后果也适得其反。这很不好掌握，这是学力的一个表现。例如李岩，现在还不太好说，还需要更多的新材料，王兴亚的材料有门了，好好看看，启发自己的智慧[1]。但李岩是打不倒的，还有《史可法答多尔衮书》，顾诚的看法就谨慎过头了，我的说法是罗琨的叔祖父罗振常先提出来的，多人起草，史可法最后定稿，我接受了他的这个结论，他的推测是这样子，这是一种天才的推测，我是论证了他的说法。我觉得你做的刘夫人也不错[2]，从刘夫人的一些相关问题出发，阐明了一些比较大的问题，这个路子是对的，一看就比前人深入得多，细致得多，给人启发，读起来也有味道。

杨：何先生，谢谢您畅所欲言，毫无保留地把自己的心得体会都谈出来，我想不仅仅是我，其他人也会从中受益良多的。

原刊《学问有道：学部委员访谈录》，方志出版社，2007 年

① 参见王兴亚、李立炳：《李岩籍贯与陈氏太极拳源流新说——康熙五十五年唐村〈李氏家谱〉的发现及其价值》，《中州学刊》2005 年第 4 期。

② 参见杨海英《洪承畴刘氏夫人考》，《清史论集——庆贺王钟翰教授九十华诞》，紫禁城出版社，2003 年。

深刻性蕴含的启迪

——何龄修先生八十寿辰座谈会发言稿

姚念慈

研究历史的人，领域、兴趣各异，难有统一的标准，做出统一的评价。一般而言，眼界是否开阔，认识是否深入，这两条可以说是最基本的尺度。而后者更为重要。没有开阔的眼界，其研究不可能真正做到深入。在这个意义上说，深刻已经包含着开阔。没有深入作为基础，所谓开阔只是空洞地漫游，不会提供新的认识，也不可能对宏观理解有所推进。关于这一点，何先生已有许多论述。何先生对明清之际的历史有非常精深的研究，这是人所公认的。深刻性，正是何先生的历史研究最突出的特点。

究竟要具备什么样的素质，才能成为何先生这样的史学家呢？换言之，他研究历史的深刻性是如何形成的？这是值得我们后学思考的。

何先生才气很大，兴趣很广。他对我说过：他的兴趣有三个方面：一、明清之际的事件和人物；二、清史学的发展；三、明清戏曲史。

他对清史学科发展的关注，既是为了总结前人的研究，对清史有一个鸟瞰式的了解，也是为了找到适合他个性的领域，找到值得继续深入的有价值的课题，也可以说是为自己的研究服务的。

明清之际的人物与事件主要体现在复明运动的个案中，是何先生用力最深的地方，是他的绝学，也是何先生之所以为何先生的根本。任何一个以实证研究为基础的学科，每个研究者真正有发言权的地方，其实是很有限的。在我所见的许多评价性文章中，作者大都泛泛而论，有些甚至是误导。但何先生不是这样。正是因为他有自己独到的领域，独到的研究，才有可能对前人的研究进行准确的评判。他在总结孟森、郑天挺、谢国桢等人的研究时，对各人的优劣，成就和失误，都有自己的见解。他对陈垣《明季滇黔佛教考》、陈寅恪《柳如是别传》，既能充分肯定其取得的成就，对于失误的批评也深中肯綮。

何先生对戏曲，包括曲艺的研究，既是个人兴趣，但主要还是为历史研究服务的。了解戏曲中的主角的个性和情节，并确定其发生和活动的具体历史年代，无疑有助于认识当时的社会风气和人的情感，进而有助于对当时社会关系和性质认识的深入。正因知人而论事，又知世而论人，他才能对明清之际的人物理解和把握得那么入情合理，细致入微，把人物刻画得栩栩如生。

一个史学家的涵养和功力是长期积累和多方浸润的结果，刻意模仿、现买现卖是不成事的。总之，何先生的学术兴趣虽然分为三枝，却彼此通融，相得益彰。以今天的话说，就是知识结构的合理，形成一个有机的整体。

还有一点值得注意，即何先生非常善于总结前人的研究方法，并找到适合自己的门路，形成自己的风格。他说，研究清史大致有三条途径：一、根据官书，主要是细读《实录》，进行认真的比勘，从中发现问题，他以孟森先生为代表；二、根据私家记录，主要是文集、笔记以及小说、野史，有利于了解被官方记载掩没的历史真相，他认为谢国桢先生是其中的代表；三、根据原始档案资料进行研究，这方面好像没有列举代表人物。

我觉得何先生本人的研究，同时继承了孟森和谢国桢二位先生的传统，当然也兼及档案资料。在我看来，与何先生同辈的学者中，没有一位对清初满族统治集团的理解超过了他。这显然是受到孟森的影响。同时，对于明清之际文集、笔记、稗官野史、方志，何先生的掌握也达到惊人的程度，所以他才能在复明运动中有那么多的发明。这无疑是继承了谢国桢的路数。何先生的基本路数，甚至领域是沿着谢国桢来的，而他最佩服的则是孟森，认为真正具有眼光、能开辟新领域的大学者应该是孟森。能够承传某一位大家的衣钵已难能可贵，而何先生兼有两位路数截然不同的大家的法门，无怪乎他能有那么高的建树，能在继承中有开创，也就很自然了。复明运动在前辈学者那里，还只是一副模糊的概述，即如陈寅恪的《柳如是别传》，也只是就其中的某些侧面做了较为深入的研究，而到了何先生手里，就呈现出一幅卷面广阔、蔚为壮观的图景。他不仅绣出了许多精美的鸳鸯，也练就了锐利而精巧的金针。诚然，何先生还没有来得及构建起一个宏伟的大厦，但他无疑已为这座大厦奠定了坚实的基础。

何先生总结自己的研究说“常常使用小考证的方法辨析史料、史实”，以达到“对史实有较新较深的挖掘”。就是说，考证是手段，他也确实是考证的老手，但他不是为考证而考证。考证的目的在于发掘为人忽视的人物和事件，以达到对历史的深刻理解。所谓“新内容”也只是载体，而“总结和揭发事物发展的规律性”才是真正的目的。

我自知肤浅，坦白地讲，我不熟悉何先生的治学路数，不能理解他的学问的精髓。但他对明清之际的研究的深刻性，极大地深化了我们对那段历史的认识，而且极富启发性，这是读过他的文章的人都不能否认的。否认这一点，就是饮水而不思源。下面我仅就三个例子，来谈谈何先生研究中体现的深刻性对我的启发。

例一，关于清廷杀死明太子的研究——加深了对于清政权本质的认识。

孟森最初研究这一问题。何先生多次说过，《明烈皇殉国后纪》是孟森最重要的论文之一。对于孟森揭明此案中作伪证的崇祯“袁妃”是一个冒牌货，何先生说：“读到这一细小情节时，深深地惊诧于作者为历史画廊着色竟然细微至此！历史画廊的人物和情节不能不完全活跃起来。”这篇论文对他有着“文惊风雨、笔动鬼神的感染力”。这既是何先生的体会，实则也是他的自我期许。何先生并没有因为拜服而失去自我判断，显然，他发觉到孟森的研究尚有提升的空间，所以用了很大气力来补充和完善孟森的研究。我认为，清廷以假太子的名义杀害真太子这一案情，是在何先生手中彻底解决的。而且，何先生还将清廷残杀明太子扩展到明皇室和宗室。

这个问题为什么重要，何先生何以如此推崇孟森的那篇文字，而且不惜下那么大的功夫来进行补正？孟森认为，清初统治者将明朝真太子故作假太子加以杀害，以及康熙年间杀害毫无威胁的明崇祯之子朱慈焕，其“机心刻深长久，为振古所未有”，但接着又说：“论其何以致此，倘可以种族之隔阂，不自信其得比于夏造殷因，于正而不谲之中，有可以自处之道在乎？”这句话说得很迂拗，他的意思是想说，有清代明是属于“蛮夷猾夏”，不同于中原正统王朝之嬗替，因此而缺乏自信，所以不得不用此残忍的手段。但他的表述则变成了不能以此来解释清统治者的用心之深。或许孟森想阐发更深刻的意义，但究竟如何解释，孟森最终也没有说明。联系到何先生在其他地方的论述，可以概括为：弄清这段历史真相，不仅可以揭露清初满洲贵族的残忍，而且意在断绝明朝残余势力的旗帜和号召。清廷为巩固其政权施行了一系列的措施，而根绝明代皇室和宗室就是其中最重要的，也是非常有效的一招。

我觉得此案的意义不止于此，还可以启发我们认识满洲统治者的本质。清军进入北京，没有像李自成入京时那样提出“存杞存宋”，对明皇室相对宽容的政策，而是必须根绝明宗室后裔，这毫无疑问是满洲贵族缺乏自信的表现，不但多尔衮缺乏自信，就连玄烨也同样缺乏自信。否则，玄烨就不会违背自己的对明太祖陵前三跪九叩发下的誓言。这种不自信决定了一个政权对于反抗势力所能忍受的底线，而且决定了其统治的形式和特征。众所周知，清廷定鼎北京并建立全国统治，必须依靠汉族地主阶级的帮助，也需要承认汉族官僚的地位，这是策略的需要，也是形势的需要。但其前提是，汉人必须承认满洲统治的合法性。对于从根本上威胁满洲贵族统治的危险，清廷绝不容忍，而且不惜背信弃义，无所不用其极。这对于忠实和怀念明朝的那些汉族士大夫而言，则造成了一种难以愈合的心理伤害，必然会使他们对于清廷统治的残忍刻骨铭心，加深与清廷的对立心理，由是我们得以理解清初的明遗民何以会顽强地坚持自己的信念。而另一方面，为了弥补这种阴暗面，满洲贵族就必须在表面上标榜统治的宽松，把自己打扮成明朝的继承者，甚至来营造“盛世”。这是清朝统治的高明之处，也是其不得已。我们只有认识到清政权的残忍和狭隘本质，才能理解它外表柔和与宽仁的内在含义。我认为，这就是发掘明太子和明宗室结局的意义。

例二，清廷巩固政权的策略——对待复明人士的处理方式。

《李长祥的复明活动》一文的副标题是“附论清初关于赦除前罪的政策”。这个问题非常重要，但据我所知，之前还没有人提出来认真地探讨。先生的结论为：清廷和满族贵族无疑是高度重视稳定和巩固新夺得的政权的。问题是，面对全国性的公开的和地下的反抗，怎么削弱和消除反对势力。清廷实行了一系列聪明的政策，表现出成熟的策略思想。严格分清主次，镇压与宽大结合，分化瓦解。先生进一步阐述镇压与宽大相结合的两个层次：一，对于有实力、有影响力的人物“净绝根株，决不轻饶。消除其迅速集结旧部掀起反清斗争的可能”。二，镇压现行，不算老账。“这就给一些人留了出路，有利于把他们从对抗转为平和，从政治领域转向文化领域”。对于第二点，先生作了深刻的论述：

满族贵族对于对手实行不算老账的政策，是对自己的统治抱有坚强信心的表现。统治全国的需要，决定他们采取满汉地主阶级联合专政的战略，尽量吸收汉族地主阶级中有才干的分子进入统治者行列。因此，他们不能总是把弦绷得紧紧的，得适应当时的政治实际，适应汉族地主阶级的传统观念，给他们网开一面，允许他们在政治上转弯子，允许他们保持遗民式的气节而不过分打扰他们。这样做也能更好地稳定已公开降清的那一部分人。许多降清的文臣武将脚踏两只船，南明无孔不入的频繁的策反和渗透，说明这样做有很大的必要性。而严厉镇压首脑人物和现行活动，又保证了这种网开一面的政治环境对清朝统治权的安全。这是很周密的高明的统治术。入关时满族贵族已有很高的政治智慧，他们的成功不是偶然侥幸。

这段论述既深刻又精彩，绝不是凭空撰构和想象得出来的，而是对大量的史实进行挖掘和分析的结果，体现了何先生史学的洞察力和大智慧。这类的观察和结论显然将统治政策推进到了更为具体而深入的层面，展示了清明之际特有的丰富多彩的历史画面。因此对后人的研究具有很大的启示。比如说，满洲贵族所显示的“统治信心”从何而来？是出于客观形势的准确判断？还是主观上积极吸纳汉族官员建议？清廷的统治特点，除了严厉镇压和不清算旧账的宽松之外，是否还有内紧外松的一面？也就是说，统治者实际上并非真如表现的那样有信心。但有一点可以肯定，一个政权在严峻的对抗中，能够意识到什么是最大的危险，什么是可以化解和缓和的威胁，这确实需要很高的“政治智慧”。清初统治者将如何巩固其全国统治提到了空前高度，在严厉镇压的同时，又在最大限度地控制汉族士大夫并最大限度地争取他们的合作。能够在实施中做到这两个“最大限度”的，只有清朝。这是清朝超越以前的少数民族政权的关键，也为我们判断清王朝的政治特征、清朝社会矛盾的转化及其阶段性提供了历史依据。

例三，清初满汉民族斗争和互相渗透——超越种族界限的潜在动向。

《吴祖锡的复明活动》一文揭示，吴祖锡于顺治末年和康熙初年，两度托庇于满洲权贵麻勒吉而化险为夷。先生说：这不仅说明了吴祖锡的胆略，也反映清官场千丝万缕的联系。“民族矛盾双方既斗争又渗透的有趣现象”，同样的现象也出现在当时的许多人身上，例如钱谦益。先生认为钱谦益之所以能从黄毓祺案中脱身，主要是通过收买马国柱等三个关键人物，凿凿有据，入情合理，使疑案得以破解。文中不同意陈寅恪发掘的那几条线索，这体现了何先生的严谨，也是孟森“证无有即事无有”的态度。但是，佟卜年、国器父子两代与钱氏的关系确实非同一般，而且完全不是出于利益交换。我想，若将来能发现新线索，证明佟氏也曾为钱谦益脱出牢狱之灾出过力，那我们就可以与麻勒吉庇护吴祖锡的情况归于一类。不论如何，清初满洲统治集团中确有一些人对于汉人士大夫的抗清活动予以庇护，表现出了一种同情和认同，这无疑已超越狭隘民族观念，同时也说明满族统治集团内部并非铁板一块，而是存在着不同的政治态度和倾向。历史事实不是像我们所理解的那样绝对化和简单化。

从总体看，当时满汉两个民族处在征服与反征服斗争的腥风血雨之中，但在现实进程中，不仅有被统治民族对统治民族的承认和接受，而且征服民族中的某些成员对于被征服民族的抵抗也有着某种理解、宽容和同情。察觉明清对抗双方的动向，是何先生复明运动之所以深刻的标志，在表彰明遗民的同时，更反映出满汉两个民族渗透的深化。

入关前，清太宗皇太极对俘虏张铨坚持民族气节的敬佩，也表现为两个民族之间存在着一种共识，即承认所有族群都具有的人类一般道德伦理。这种敬佩并不以要求对方放弃自己的信仰为前提，即不妨碍双方都坚信自己一方是正义的。而且，皇太极还有争取张铨为我所用的实际考虑。这些因素，在麻勒吉包庇吴祖锡的案情中也都存在。但二者背景和性质的差异也是明显的。皇太极在世时，满族仅占有关外一隅，明清双方各有自己的空间和阵营。皇太极对张铨的认同，在某种程度上是对明王朝和汉民族的客观存在的认同。吴祖锡则是在满族已经取得国家政权的情况下，从事推翻清朝，冀图恢复明朝，这与麻勒吉的基本立场当然不能吻合。而且，吴祖锡的行为也显然表明其不会为清廷所用。张铨最终不屈，英勇就义，而吴祖锡却活了下来。麻勒吉作为满族统治集团中的一员，为何要违背本族最高统治者的意志，保护一个毫无政治价值的敌对分子？其含义就更值得注意。先生说："麻勒吉为顺治九年满洲榜状元。这些人已摆脱入关初还存在的八旗贵介凌轹汉人文士的传统，逐渐懂得汉族传统文化的优点和用处，亲近文士。"我们是否还可以作进一步推测：作为征服民族中的一员，麻勒吉在某种程度上意识到本民族在征服过程中的非正义性，对本民族的残暴屠杀行为有着某种反省，并对由此激起的汉民族的反抗人士予以同情。否则，我们就难以解释麻勒吉的行为。这个方面在我们以往的研究中是被忽视的。

若是这个推测可以成立的话，我们就可以说，入关前后满族统治集团对汉族的认识和认同有一个质的飞跃，从而也使满族本身的认同层面超越了种族界限，即从基本的人类族群一般共识发展到具体的对被征服民族的信仰、价值观以及反抗中的正义性的认同，这是征服民族与被征服民族相互共存乃至融合的前提。这显然不能简单地用承认汉民族的文化系统来解释。忽视了这一点，我们对于清初的许多现象便无法理解，对满汉民族数百年的交往，尤其在民族精英的交融，进而对两个民族之间的交往和融合，在理解中便会产生一种阻隔和窒碍。可否这样说，何先生在竭力发挥表彰汉族志士的民族气节和民族精神，同时对于满族贵族建立的清王朝也有着深刻的理解和某种认同，表现出历史学家应有的宽广襟怀。

先生的一些思想，在我们脑子里也似乎浮现过，但从一般人的印象模糊的常识，到可以用客观事实来验证的严谨的历史学家的结论，中间的距离是十万八千里。我越读先生的文章，就越是觉得自己业余。清史研究不同于前代历史研究，其中一个很重要的原因即史料的繁多，我说过，研究清史的学者在很大程度上兼有清厘和发掘新史料的任务，这或许会妨碍每一位研究者的思辨概括和理论总结，但史料的繁多也给了研究者广阔而深入地理解一个历史时期以更多的机会，从长远上说，理论前景也更值得期待。何先生与许多杰出学者的研究告诉我们，没有任何一个朝代可以如同清朝那样被研究得如此细致，获得如此深刻的结论，这是清史研究者的责任，也是足以引为自豪的任务。

我对先生的理解，或者说我从先生文章中所得到的启发，很可能有偏差，不一定符合先生的本意。但“作品的意义高于作者的思想”，乃是具有普遍意义的通则。后学站在时代的观念上来总结前辈学者的研究，尤其是那些深刻并具有启示性的研究，就不仅仅是出于一种尊重和责任，而且对于我们自己找到一块坚实的基石得以立足，尤其是面临海外学术种种新理念新方法挑战，都是至关重要的。所以我说：我们的老一辈历史工作者虽然受到重重限制，但继承了中国史学中最可贵的传统，即充分尊重历史事实，并以一种严谨的态度和极度负责的精神来重现历史的真实。无论我们运用何种理论来构建历史，如果与基本历史真实相违背，都不得不重新检讨自己的理论架构。从这一点上说，老一辈为我们留下的研究遗产，是我们重拾自信的基础。在明清之际的历史领域，何先生的研究就具有这样的价值。

最后我想说的一点，就是何先生的研究为什么会具有极大的启示性。这当然是因为他的研究的深刻性。不具备深刻性的研究不可能具有启示性。但我说的深刻性，不仅仅是指具体事件和人物研究的细致和严谨，而是指何先生的许多个案研究始终服从于一个巨大的前提，一个宏观性的思想架构，即如何理解明清嬗代的性质及其历史定位，或者说如何看待取代明朝的清王朝的历史地位和作用。这是贯穿何先生的具体研究中的思想主题。

何先生多次强调，对于一个历史过程的理解，必须遵循两个原则：第一，把它置于具体的历史阶段之内，这是历史唯物主义的绝对要求；第二，他又从自己的研究中思考如何对中国历史进程的特点进行理解，提出必须联系到后来的历史结局，才能对此前的某段历史过程的意义有真正的认识。后一点对于理解一个非单一民族国家，而是以汉族为基干的多民族共同体的中国历史尤其具有意义。他说："清初国内民族斗争的恩怨，经历了三百多年，在历史洪流的冲刷下淡薄了，泯灭了。中华民族的团结，随着种种历史事态的发展、变化，逐渐占据了国内民族关系的主要位置。但是，历史问题是不会消失的。"又说："在分析清兵入关和夺取全国统治权的战争时，不能不结合清朝统治的后果加以适当的考虑。”这些话体现出何先生深邃的眼光和高度辨证的思想，很值得我们学习和思考。

在何先生看来，明清交替时期尖锐的民族矛盾，满族在夺取全国统治权的过程中对汉族实行过残酷的镇压，这是毋庸讳言的，何先生的文章对此作了充分的揭露。但满族的前身又是明朝治下的一个边疆少数族，因此满汉之间的斗争是属一个国家内部的矛盾。既不是外来势力的征服，也不是克服分裂的统一战争。何先生对清朝建立全国统治的历史的这一概括，与此前流行的少数族入主中原的“轮流坐庄”说和现在依然余烬未冷的外来异族入侵的“征服王朝”说做出了严格的区分。这个结论既不像某些盛行一时的“统一说”那样将清政权的建立拔得那么高，也不同于当前海外“新清史”那样完全无视清朝三百年对于中华民族形成所起的历史作用。当然，先生在一些具体的表述中还有可以斟酌的地方，但这个概括的总趋势，以我个人体会，仍是目前所得出的最深刻也是最为合理的结论。

为什么这样说呢？世界各个地区的族群分布和构成具有不同的特点，因此在进入近代民族国家的历史进程中必然会形成不同的道路，欧洲与美洲不同，欧美与亚洲也不同。在以西方新观念来构建中国历史时，必须考虑到这样一个基本事实：长期以来，汉族这样一个历史久远、文化传统深厚并且相对稳定的人类共同体，蕴含着巨大的辐射力和凝聚力；而周边各族群中，一些大的族群，比如北方的蒙古族，或西南的藏族，虽然都有自己的一套文化系统，但其能量、包容性和影响力，相较于汉族仍显得薄弱；至于人数更少，文化传统更为薄弱的民族，包括满族，就更难与汉族抗衡。这些较为弱小而落后的民族在与汉族的交往中，即使相互间发生冲突，甚至是战争，都不能阻扰这一趋势，即双方的联系越是紧密，就越是受到汉民族文化系统的吸引，乃至被汉化。有鉴于此，我们就很难设想，满族立国时会形成一个独立的近代民族国家，并以这种姿态与另一个汉族为主体的近代民族国家相对立，相抗衡。在这个意义上，何先生说明清之际的斗争不是国家与国家之间的斗争，更不是外来民族的征服战争，是完全正确的。尽管满族在开始脱离明朝时，甚至在统治中国之后，都强调其种族意识，但那是另一问题，而且满族最终也融入中华民族这个更大的共同体。

考虑到中华民族共同体的形成是一个长期的历史过程（西方学者和日本学者中，都有人坚持以宋元明清作为一个整体过程，来处理中国前近代或近世大约几百年的历史），而满族的前身又长期是属于这个形成中的共同体中的一员。所以，何先生坚持反对一度甚为流行的说法，将满族夺取全国统治权的斗争看成是一场统一战争。何先生说，统一以分裂为前提，明清之际，形成中的多民族共同体各个成员中尽管发生矛盾，包括严重的民族斗争，但国家并没有分裂。如果承认清朝夺取统治权是一场统一战争，无异是说明末中国已经分裂，这显然是不符合事实的。何先生认为，如果硬是要说分裂，那就只能是说满族先分裂出去，然后再来进行一场统一战争，这是一种滑稽可笑的弯弯绕的说法。

正因为何先生同时强调上述两个原则，所以，他的意见既深刻地反映出明清之际的历史现实，又从长远的观点看出了历史的本质趋势。这就是何先生通过对明清之际进行深入而周密的研究之后得出的理论总结，是他在具体考证之外的另一项重大贡献，是一份值得珍视的财富。虽然其中还有可以再推敲，进一步完善的地方，但这不会影响到它的价值。它使我们在面对国际上的各种新学说、新思维时能有一个稳定的基石，不至于摇摆不定，更不至于失坠。正因何先生思想上始终存在这样一个宏观的主题，所以，当我们回过头去细读他的具体研究时，就可以体会到，为了得出这样一个高度概括的理论性结论，何先生不仅运用了大量的砖石瓦泥，而且在如何选定支柱和椽梁来搭建中国历史这个大厦的结构时，一定付出了巨大的思考。为此我们都应该感谢何先生。

姚念慈 2013 年 10 月 28 日

跋

孟彦弘

承倪培翔和朱玉麒两先生的厚谊，接受出版何龄修先生的遗著《五库斋清史丛识》。着手编集此册，是受刘小磊兄的鼓励。其时，何先生身体已很不好；书面世，先生已归道山三年矣。

收入本书的文章，撰写前后相距二十余年，学术技术规范势难一致，特别是当年出版物为省篇幅，采用了合并注，读者查核颇不易。此次编集，按目前通行的学术规范，作了处理。一些明显的排校错误，如《明清职官别称条目的增补问题》中关于赵进美称大参、施闰章称少参的引文，一望即知为误，我查核了原文，作了纠正。此外，则一无所改。篇目的拟定，我们也尽可能遵从何先生的“本意”。比如，《清代人物传稿》中有《王稼》《刘泽清》二传，《五库斋清史丛稿》中分别收有《关于王紫稼》和《刘泽清之死的疑案以及他与闻香教的关系等问题》，粗粗核对，内容大致相同（收入《传稿》时，为适宜于传记，写法、叙述有调整），本书即不再收录。至于像《传稿》中的《褚人获》，日后何先生又加增改，作《褚人获的生平和著作》，收入《五库斋清史丛稿》，则当然不再收录。总之，一切尽量以何先生手定者为依归。集中的文字，大致划作若干类，即人物小传、清史相关问题、序跋等；每类，大致以写作或发表时间为序。何先生还有一些会议发言。他的发言，都是作过精心准备的，既能契合会议氛围，又能言之有物，如在王锺翰先生八十华诞祝寿会上的发言，即以精彩而广播人口。可惜，这类文字，找到的极少，只好从略。

何先生的经历，已见其《自述》。二〇〇八年，何先生七十五年寿诞，为恭贺先生从事科学研究五十年，曾与侯旭东兄一道，以历史所"青年史学沙龙"的名义，请何先生作一学术报告，这就是日后发表在《中国史研究》上的《太子慈烺和北南两太子案》。五年后，先生八十寿诞，清史研究室主办纪念活动，姚念慈先生作了《深刻性蕴含的启迪》，对何先生的治史特点、学术贡献，作了全面、中肯的评价。今征得念慈先生同意，收入本集。另外，还附入杨海英兄对何先生的访谈录。这庶几有助于我们全面了解何先生的为人与治学。

在拟目、收集文稿、编辑书稿的过程中，何先生哲嗣何翔兄、本所同仁杨海英兄以及杨晓云、张凯悦两位学棣，都给予了许多帮助。晓云核校了大部分由照片或 PDF 转成的 Word 版的稿件初稿。

论年，何先生是我父辈；论学，是我师长。我在一九九四年入所工作后，因机缘巧合，有幸得到他的教示和提携。现在能为他的遗著出版略尽绵薄，深以为幸。同时也十分盼望他生前已交稿的研究“楚两生”（柳敬亭、苏昆生）的专著能早日面世。

二〇二一年三月廿六日后学孟彦弘谨识于新都槐荫室，八月廿二日读校样毕

凤凰枝文丛

三升斋随笔	荣新江　著
八里桥畔论唐诗	薛天纬　著
跂予望之	刘跃进　著
潮打石城	程章灿　著
会心不远	高克勤　著
硬石岭曝言	王小盾　著
云鹿居漫笔	朱玉麒　著
老营房手记	孟宪实　著
读史杂评	孟彦弘　著
古典学术观澜集	刘　宁　著
龙沙论道集	刘　屹　著
春明卜邻集	史　睿　著
仰顾山房文稿	俞国林　著
马丁堂读书散记	姚崇新　著
远去的书香	苗怀明　著
汗室读书散记	王子今　著
西明堂散记	周伟洲　著
优游随笔	孙家洲　著
考古杂采	张庆捷　著
江安漫笔	霍　巍　著
简牍楼札记	张德芳　著
他乡甘露	沈卫荣　著
释名翼雅集	胡阿祥　著

壶兰轩杂录	游自勇　著
己亥随笔	顾　农　著
茗花斋杂俎	王星琦　著
远去的星光	李　庆　著
梦雨轩随笔	曹　旭　著
半江楼随笔	张宏生　著
燕园师恩录	王景琳　著
鼓簧斋学术随笔	范子烨　著
纸上春台	潘建国　著
友于书斋漫录	王华宝　著
五库斋清史存识	何龄修　著
蜗室古今谈	丰家骅　著
平坡遵道集	李华瑞　著
竹外集	朱天曙　著
海外嫏嬛录	卞东波　著
耕读经史	顾　涛　著
南山杂谭	陈　峰　著
听雨集	周绚隆　著
帘卷西风	顾　钧　著
宁钝斋随笔	莫砺锋　著
湖畔仰浪集	罗时进　著
闽海漫录	陈庆元　著
书味自知	谢　欢　著
三余书屋话唐录	查屏球　著
酿雪斋丛稿	陈才智　著